梅西

MESSI

LESSONS IN STYLE

Jordi Puntí
霍爾迪・彭提 著
蔣義 譯

目錄

推薦序

我們都將見證偉大的開始

資深球評／石明謹

對於誰是足球史上最偉大的球員，曾經有過無數的爭論，直至今日也未曾停歇。有人從贏得的獎盃數量來看，認為比利是無庸置疑的球王，有人從球場上的統治能力來看，認為馬拉度納才是足球之神，當然，還有其他無數曾經主宰過球場的巨星，也曾經被拿來相提並論，但無論是誰，都無法將梅西摒除在外，不管從任何一個角度去分析，梅西都會是史上最偉大球員之一，而最大的幸運，就是我們生在一個可以親眼目睹梅西表演的時代，我們見證他在球場上的身影，也有機會同時看到對他最真實的紀錄。

對於一個足球迷而言，要如何去看待一名球員是一件非常有趣的事情，你可以從他贏得的比賽場次、進球數字、轉會費價碼、甚至是場上的每一次過人、每一次假動作，或是場外的任何一個花邊新聞，去評價一名球員，但是這本《梅西：百轉千變的足球王者》的作者霍爾迪·彭提（Jordi Puntí），卻非常有趣，嚴格來說，他不「評價」梅西，而是從一開始就先設定梅西是他心目中最偉大的足球員，然後再找出他所知道關於梅西的一切，逐一證明他的論點。

書中有時會拿出馬拉度納、小羅納度、C羅納度等人出來比較，告訴你他們真的很了不起，但是有那些地方比不上梅西：有時又跳躍到跟球場數據、運動科學等領域對梅西的質疑，最後讓你知道梅西是如何突破這些看似不可能的障礙：偶爾又感性的提到梅西的成長歷史，剖析那些屬於他內心世界的揣測；有時，就單純是作者對某個事件的回憶，因為這樣那樣的理由，不得不提到梅西。不管是什麼樣的主題，都能夠引領讀者走回無窮的想像，紙張就是一座碧綠的球場，梅西就在這裡奔馳、過人，最後一腳射門，GOAL！你就這樣沉浸在屬於梅西的一切。

對於習慣閱讀編年式傳記的讀者來說，可能對於時間軸的掌握會有點困擾，但這也是這本書的優點，忘了那些制式化的敘事邏輯吧！作者想到什麼就會告訴你，你只要透過這些小故事，或是跟其他任何一位球星的對比，從而知道梅西有那些地方了不起就夠了，記住梅西那一年進了幾球，這是最沒有價值的世俗寫法，梅西不需要編年，因為他會一直存在，今天你還在見證梅西的一切，明天也不可能會忘記，這就是作者想要表達的。

對於梅西的那些驚人技術與紀錄，書中自然沒有遺漏，透過鉅細靡遺的列舉，縱使外行人也能明白梅西令人讚嘆之處，而對於梅西足球生涯的那些傷病與挫敗，他也沒有忽略，只是從中更可以找出梅西的與眾不同，正因為有這些不完美，更顯得梅西在心靈上的堅毅，有趣的是，作者從來沒有訪問過梅西本人，你可以說這本書的缺點就是純粹的旁觀者，不像有些作品，可以得到當事人本身最直接的敘述，但有時旁觀者的內心，又何嘗不會因為純粹的觀察，而更加貼近他內心的世界呢？

這是一個屬於女友或男友視角的紀錄，就像一個癡情的戀人，在身邊默默的注視著曾經在梅西身上發生過的一切，在閱讀的過程中，有時你偶爾會覺得，這樣的膜拜是否太過，但是轉念一想，這麼偉大的一名運動員，就算被膜拜又何妨，而且隨著作者用充滿仰視的筆觸，寫的是梅西生涯中的無數微小細節，彷彿你也被引進了那座屬於足球王者的殿堂，得以一窺這時代最具代表性的足球員。

作者在書末認為，這本書註定要默默無名、被人遺忘，因為梅西的一切，世人已經掌握得太多，上億的球迷對他的成長故事如數家珍，電視上每天在重播他數之不盡的美妙進球，追捧梅西的人多如過江之鯽，想要了解梅西，何不打開電視，你可以得到更多更完整的資訊，然而我認為事實正好相反，搜尋可得的資訊只能了解一個人的表面，如果不是筆者這麼特殊的情感，誰又能在這麼龐大的梅西訊息海洋中，留下讓人印象深刻的紀錄呢？

霍爾迪．彭提曾經寫過很多技術性的足球評論，但這次無關技術，寫的就是對梅西整個足球生涯的愛，不管喜不喜歡梅西，都沒有人可以否定他的卓越成就，這本書能讓你看見的，或許不只是梅西本人，而是透過作者與梅西這種極其特殊的情感連結，從一個真正的球迷眼中所看到的視野，去體會一個偉大球星的故事與背景，去見證屬於梅西的一切，或許這會讓你對足球世界的認知有所不同。

推薦序

獻給每個為足球狂熱的我們

中華女足代表隊隊長　丁旗

如果說在台灣，足球是沙漠，那麼為什麼還要閱讀這本書呢？

原因很簡單，因為這是本值得你一探究竟的書！

在我們這個時代談到足球，大家一定會想到梅西、C羅這兩位天才運動員，甚至還有四年一次風靡全世界的世界盃……等足球賽，幾乎是半夜守著電視，哪怕明天要上班上課，一秒都不敢離開視線，正因為他們是天生的運動員，綠茵場上的藝術家！

這本書記載了梅西的傳奇一生，而且至今仍未完待續。如今梅西只會一項又一項創造足壇奇蹟，希望能透過梅西還有足球這項運動能帶給你不一樣的啟示和啟發。

書中最讓我印象深刻的是二〇〇〇年十二月十四號，梅西那年十三歲，拿到巴塞隆納的合約，竟是一張餐巾紙。

我回想了一下，二〇〇〇年當時我才五歲，我連足球是什麼都不知道，如今現在自己也成為了一名足球運動員，透過這時代梅西的勵志故事，自己也會想像自己未來的樣子，期許自己也能像梅西一樣在球場上，機靈聰明，偉大的、華麗的、輕巧又可怕的，帶球狂奔，讓對手怎麼攔也攔不住我。

身為一名運動員，做為一位台灣女子足球運動員能有什麼好處呢？國家會給妳工作嗎？運動會給妳答案嗎？

不！妳只有不斷的努力及無私的付出奉獻，還有永無止境的失敗，跌倒後再爬起來，經歷這些它們才會告訴你，妳只有更堅定的走下去這個選項而已！

每個階段都有它存在的意義和價值，酸甜苦辣都有，甚至低潮到想要放棄一切，像是到了懸崖的邊緣，而總會在那個瞬間，我會反覆地告訴自己：初衷！妳的初衷！為了什麼而走到現在，妳已經很幸運了，但妳還不夠努力！唯有越努力的人才能越幸運！

文字這種東西雖然沒有溫度沒有生命的，卻可以用感受及體會去表達。為什麼我會這麼說呢？原因很簡單，因為梅西是不可能用文字就能形容的，足球也是，我認為每個人，每個職業都是不可被文字給取代的，你必須透過感受及體會才能了解它們的價值和存在，感謝所有偉大的運動員，還有每一位正在為生活為夢想打拼的你們。梅西是天才中的天才，即使我們不能像梅西一樣，但我們也是上帝眼中最獨一無二的天才！

運動有時候是種個人的發洩，又或者是一種個人的展現，也許這是上帝賦予給你的一種特殊能力，面對困境，需要更堅定的信念，還有不斷的鍛鍊。很多事情，不是遇到了就放棄，努力的去做、去嘗試，即使沒有做到一百分也沒關係！要隨時做好準備並且付出一切。

最後，我想問的是，你有夢想嗎？那麼你的夢想是什麼？

梅西他說，他想拿一座世界盃冠軍！

就算真的沒有拿到世界盃冠軍，也許留下終生的遺憾，但梅西依舊是足球界當之無愧的球王。而球王的背後，是所有造就他的人，所以珍惜那些相信你的人，因為除了他們，全世界都認為你在做夢！

我的人生四分之一都獻給了足球，一直到現在還在持續燃燒著，可能很多人看不懂我們這群女生在做什麼，但這是我們畢生的夢想，也許再繼續於球場上奔馳的日子就快結束，也或許我們就這樣踢進了二〇二三年女子足球世界盃，這是一個新的旅程，這也是我們這一群女生一輩子的夢想。

唯有不斷的挑戰，才有不能停止的腳步。

我一直堅信「相信自己，永不放棄」，這句話也是二〇一八年中華女足在雅加達亞運的精神標語，也因為這個信念，讓我們相隔二十年重返亞洲四強！

可以這樣如此熱愛一項運動並存在於它最好的時代！謝謝李奧．梅西（Lionel

Messi）！

獻給所有偉大的足球運動員！

期待這本書能帶給你在屬於自己的球場上，有脫胎換骨的表現！

推薦序

見證人類的奇蹟

導演　盧建彰

我和妻在歐洲流浪一個月，過婚後的第三個蜜月，中間去了巴塞隆納，看我們在旅程中的第三場職業足球賽，前面看了畢爾包隊的主場、巴黎聖日爾曼隊主場，終於要來到歐洲最大的球場，為的也是要看這時代最偉大的足球員——梅西。

梅西有多受歡迎呢？在那可以容納九萬九千三百五十四人的球場，且完全爆滿狀態底下，近十萬人一起唱著「梅—西、梅—西」，那個調子，類似我們台灣深夜裡推著攤子喊「肉—粽，肉—粽」，但卻以一種十萬人大合唱的方式，聲音在巨大的球場裡迴盪著。我那當下，有種莫名的感動，彷彿我身在一個山谷中，兩軍即將對抗，而密密麻麻遍滿整個山坡的鑽動人頭，以一種葛利果式的宗教吟唱，梅西這名號，在那當下，不神也聖。

不過，有趣的是，我發現，現場看球的觀眾許多是講英語，而不是在地的西班牙文或者加泰隆尼亞語，表示來到這個歐洲最大球場的觀眾，很多不是當地的巴塞隆納人，而是來自世界各地，許多更可能來自相對來說足球不是最主流運動的美國。

後來，我問起當地的朋友，他們確實沒有常進巴塞隆納球場看球的習慣，因為票價實在很高，主要還是看電視轉播。外國遊客爭相進場的結果，也是現場票價飆高的原因。當然，其中來看梅西的，恐怕佔大多數。

是啊，世界足球先生耶，這個星球上最會踢足球的人，而就目前人類所知的資訊，可能只有地球有足球運動，所以，你大可說，他是此刻，全宇宙最會踢足球的人。

但當他上場時，你會覺得，他看起來好小，你也沒看錯，從小到大，他多數時候是場上最矮小的球員。

* * *

那天，我去拍家扶的一個女孩，在台東。

爸爸在她三歲時罹患大腸癌，媽媽靠一個蔥油餅攤養大三個小孩，又瘦又小的她努力學柔道，想靠運動升學，每天五點起床訓練，上課時間外一天練超過六小時，沒有抱怨，她的身形極瘦小，手臂細細長長的，是那種你看到她就會問她今天吃飯了沒、要多吃點才會長大的那種孩子。

結果，她家掛滿了金牌。

我看到時有點嚇到，那是標準的用金牌在裝飾牆面，幾乎不必再貼壁紙了，我轉頭問她，「這些都是真的嗎？」

問題很蠢，當然是真的，難道是自己去獎牌店訂做拿回家掛嗎？

我拍了她費力練習，毫無打折扣的練習，難以想像，我只是參與了其中的一天練習，光在旁邊看就瞠目結舌，她用細瘦的手臂，抓著布條，一下子就爬到兩層樓高，我在下頭和攝影師，看到差點忘記開機。

而連續幾小時的不斷訓練，從各種我難以想像的拉筋，扛人翻滾，倒立行走，到短時間不間斷的爆發對練，我很驚訝，那麼瘦小的身體，卻可以承受這樣的運動強度，最重要的是，那只是日課。

那是她每天的生活，沒有得打折扣的。

幾週後，我透過直播的畫面，看到她出賽，參加全國中學運動會，一路打到金牌戰。對手不是省油的燈，可是她就是不斷地挑戰，不斷地扣住、壓制，透過畫面，我又相信，又不相信。

我相信，可以忍受那日復一日艱苦且單調訓練的她，一定有機會。

但我也不相信自己的眼睛，場上那戰鬥的身影，如此奮發不懈，源源不絕的能量，真的來自我拍的那個瘦弱小女孩嗎？

最後，她摘下全國冠軍，我視線模糊，在手機螢幕上滴下淚水，而且遲遲不能平復。

＊＊＊

我一直相信運動救國。

運動的人身強體健，能夠接受場上的勝敗，更能面對場下人生的挫折。

而看運動的人呢？

我跟你保證，你會比不看運動的自己更好。

怎麼說呢？

我看著場上的選手對抗，那麼努力，那麼堅定，「我這輩子有那麼認真過嗎？」我問我自己。

看著矮小的梅西，看著柔道小英雄，我看到的是人生。

我更看到，那場上的全心全意，讓人們看著同一個方向，用力的加油吶喊，人們也跟著她全神貫注，沒有他騖，並且一起祈禱著，我相信，這是人類可以擁有的最好的一面。

運動其實是人類創造出來最美好的奇蹟。

仔細想，當車子的速度已經可以達到三百多公里，我們為什麼要用人的力量在草皮上奔跑快速盤球，然後把球踢進一個框框裡？

難道，不能用車子載，用機械手臂（腳）射門嗎？想多快就多快啊！

甚至，如果從效率或者生產的角度，為什麼會有運動？人類為什麼還要運動？

說起來，光是一大群人看著另一群人在場上費盡全力，爭搶一顆球，就是一種奇蹟。

沒有任何物質產品被製造出來，沒有創造出任何食物好填飽人們肚子，而人們卻這樣做，在其中快樂，在其中憂愁。

運動，本身就是一種奇蹟，而運動員，就引領著我們見證奇蹟。

每個運動員，都在場下忍受千篇一律、單調無趣、充滿痛苦的訓練，並在場上面對從不重複、千變萬化、層出不窮的情勢，並且快速解讀即刻應變。

運動員，就是如此奇妙的生物，充滿恆毅力，又充滿創意力。

當你看著一個人如同梅西這樣拼搏，你會充滿力量，你會想跟他一樣。

不只是PLAYER，而是PLAYMAKER。

他讓在場外的我們都變得更在乎，想捍衛我們在乎的。

他讓在場外的我們都變得更好，因為見證到好的原型。

能夠有機會和梅西同時代，我感到慶幸，因為我有機會見證到奇蹟。

噢，順道一提，那天在巴塞隆納現場，梅西大演帽子戲法，自己進三球，還有另兩球也是他的助攻。

我尖叫到不行，和左邊的老婆抱在一起，也差點和右邊八十多歲的白髮西班牙老婆婆抱在一起。

梅西，果然是宇宙等級的，奇蹟。

一起見證吧。

推薦序

從最巴薩粉的角度看梅西

資深球評　鄭先萌

「我是德國隊、拜仁球迷，我是從一九八六年起看世界盃，我愛上了德國隊的永不放棄，所以我愛上了馬泰斯，然後也因此喜歡上了有許多德國國腳的拜仁。」

在台灣的每個足球迷，似乎都可以說上一段這類故事，但說到愛上一支家鄉球隊，可能有這樣經驗的人猶如鳳毛麟角。我曾經跟一位來自英格蘭的英語教師聊天，他覺得奇怪，台灣人都只喜歡曼聯、巴塞隆納之類的大球隊。我反問他是哪一隊的球迷，他說他支持家鄉的俱樂部，它很小、台灣人一定不知道，不過他也有支持大的俱樂部，像是伯恩利。我聽了不禁莞爾，在台灣足球迷之間，伯恩利應該是小到不行的冷門俱樂部。但這就是最native、最在地的觀點，這也是我們永遠難以體會的體驗，不過也讓我特別好奇，在那些一出生就流著足球血液的歐洲、南美球迷眼中，足球世界是甚麼樣子的？

我第一次對梅西有較深的印象，不是對他場上的表現，而是在二〇〇六年京華城的地心引力廣場，當時是世界杯淘汰賽德國對阿根廷的直播派對，一群球迷穿著小獅王背號的巴薩和阿根廷球衣、瘋狂吶喊。而這個名字自此之後就在我的足球生命中大鳴大放，地表最強的巴薩之王、tiki-taka的神祇、進球猶如探囊取物，還有他與C羅的瑜亮之爭，這十幾年來，世界足球彷彿圍繞著梅西在運轉。

梅西帶給世界足球的，是一個世紀性的影響，承繼了荷蘭球王告魯夫的全能足球，他與巴塞隆納樹立起另一面曠世大旗。數據上，他創造了恐怖的障礙，生涯超過六百個俱樂部進球，西甲單季五十進球，歐冠一百一十四個進球，這紀錄少有人及。榮譽上，十次西甲冠軍，六次國王杯，四次歐冠冠軍，讓加泰隆尼亞人把他當神來膜拜。個人方面，六次西甲金靴，六次歐洲金靴，六次世界足球先生，還有其他數不清的榮耀，實在難以在此用筆墨寫盡。但梅西帶給我們的絕對不僅於此，他讓巴薩攀上不可一世的巔峰，成為球迷口中的地表最強；或許小獅王不是創始者、設計者，但他和瓜迪歐拉合力將tiki-taka推向足球戰術界的極致，多少人奉為圭臬，更多人為了破解它而窮盡心力。而他在足球場上更是讓人讚嘆，除了頭槌之外幾乎無所不能，射、傳、盤、控都是他讓球迷目眩神馳的藝術品。而梅西和C羅的天神對決也是球迷們津津樂道的話題，儘管他和阿根廷在大賽總是與冠軍緣慳一面，但只要他參與的世界杯、美洲杯，就是鎂光燈的焦點，也為這些賽事增添許多雋永軼事。

但我的角度，是從台灣、從德國球迷、從拜仁粉絲的觀點，也就是千萬里外的遠處，來看這位不世出的足球天才；要我評論梅西，我也是以足球球評的身分，力求客觀、公正、謹慎用詞，來說明在我眼中的小獅王。如今，有一本特別的著作，來為我們剖析另一個角度的梅西。作者身上流的加泰隆尼亞之血，比梅西還要純正，他從最在地球迷與媒體工作者的觀點，穿插馬拉度納、羅馬里奧、小羅納度、伊布等各世代的巴薩巨星，帶領我們來認識他心目中的偉大偶像、最心愛的拉瑪西亞之子。

有趣的是，本書作者視角，能最細膩地觀察、剖析小獅王，但也是最在地、最偏頗的。你可以從一個資深巴薩迷的眼中，看到梅西的好、梅西的厲害、梅西的偉大，觀察到我們無法觸及的細微之間，伴隨的是他充滿崇拜、愛意與熱情的筆觸。但你也會看到一個狂熱巴塞隆納支持者的偏執，在他眼中，C羅永遠不及小獅王、是個自私的狂人。如果你是皇馬球迷或C羅粉絲，或許你會讀得氣憤填膺、直斥這本書的偏頗，但這也正是最在地狂熱足球迷的觀點，也是值得我們來細細品味的。放輕鬆，一起來讀梅西吧！

前言

萬千球星閃耀足壇，誰又是你的最愛？你欣賞的球員可能多不勝數，但要從中挑出心目中的第一名，其實有許多線索可以參考。可能是一張你從小珍藏的球星卡片，埋藏在你最寶貝的玩具箱深處，只有在懷舊情懷冷不防襲上心頭的夜裡，你才會打開寶箱重訪這位戍守邊疆的君王。抑或是一件燙上他名字的球衣，隨你百戰沙場而褪了色，神奇的是，每次披上這件戰袍出征盃賽決戰總會為你帶來好運、表現有如神助。又或者是你總會在YouTube上無限重播某位球星的精華剪輯，仔細品嚐他那些精彩絕倫的進球與絢麗奪目的招式，可能是某位跟你一樣為他痴迷（只不過時間比較多）的球迷剪輯的。至於我自己，我以前最愛的球員是羅馬里奧（Romário），那時我收藏了一卷錄影帶，上面記錄了他在巴塞隆納首季踢進的三十球。他轉會來到巴塞時就發下豪語，揚言要獻上三十顆進球孝敬新東家，而他也確實說到做到。後來巴塞隆納輸球或陷入低潮時，我曾不止一次把這卷精華影片拿出來重溫，當作一顆止痛藥吞下肚，撫慰我受傷的心靈，還真的藥到病除。我說的是一九九三—一九九四賽季，羅馬里奧在這一年勇奪西甲最佳射手——皮齊齊獎（Pichichi Trophy）。現今的球迷可能覺得單季射入三十球沒什麼大不了，因為梅西真的把我們寵壞了，但在那個年代，狂進三十球簡直是不可思議的超自然現象。而且那些進球之中，有好多球彷彿是羅馬里奧開天闢地的偉大創作——總覺得在他踢出這些精彩絕倫的進球之前，根本不可能有人辦得到，這些進球壓根沒收錄在足球的字典裡。他披甲上陣的第一場西班牙國家德比（El Clásico）——皇家馬德里（Real Madrid）對戰巴塞隆納的經典對決，羅馬里奧就風光上演帽子戲法，還使出他的「神牛擺尾」（cola de vaca）絕技，將球停死後，用腳內側一輕推、一迴掃就繞過了防守球員艾哥達（Rafael Alkorta）。除此之外，他的輕巧挑射、他的六碼衝刺、他輕柔又精巧的觸球、他繞過防線的跑動都令人嘆為觀止，而他也會潛身敵後狙擊皮球，活像一頭隨時會撲向獵物的猛獸。

我接下來要說的話可能是對這位巨星的大不敬，但每當我播放錄影帶、重溫羅馬里奧的風騷演出，感覺都好像正在觀賞一部預告片——而這十年來，最精彩的正片已在全世界球迷眼前磅礡上映。彷彿當年傳奇名宿告魯夫（Johan Cruyff）麾下的夢幻隊，只不過替緊接在後的重頭戲拉開序幕——由哈維（Xavi）、伊涅斯塔（Iniesta）、普約爾（Puyol）、布斯克茲（Busquets）、梅西等一眾巨星領銜主演，尤其是由瓜迪歐拉（Pep Guardiola）和比拉諾瓦（Tito Vilanova）執教的那支超級強權巴塞隆納。

如果我們把賽程表攤開來一看，很容易把足球看成一種線性推進的活動，會隨著時間有所進展、一場一場更新重置。每次得知比賽結果、見證冠軍誕生的驚喜與激情褪去之後，大家又要邁入新的一季，一切又得從頭來過。但我寧願把足球看成一個「過去」與「現在」交織互動的領域，甚至如文豪艾略特（T.S. Eliot）的名句所述，支配了我們的未來。是的，我對足球就是如此痴迷醉狂，確切的例子會在以下的書頁間展露無遺。足球也在回憶的管轄之下，我們之所以熱血沸騰、為之瘋狂，正是因為足球能拉著我們搭上回到過去的時光機——於記憶中再訪那些偉大的球員、忘掉那些落敗的決戰、扮演心目中的偶像，讓我們得以把心中的想望與實際的記憶融合混雜。有些驚天動地的進球，事實上並沒有踢進，可能恰好命中門柱或以毫釐之差偏出目標，直到多年後，另一場球賽中的另一名球員，才在另一個時空完成了我記憶中的這顆進球。這位球員在場上踢進了一球，但其實他踢進了兩球——其中一球屬於此時此刻，他還為此在場上奔跑慶祝呢；另一球則屬於過去，只有我一個人在心中暗自歡呼。我是想跟你說，從平行世界的角度看足球竟然還能趣上加趣。你可以稱之為一種信仰、一種哲學體系，或是一種不願接受偶然的掙扎。同一場球賽看在不同人的眼中都不盡相同，我們個個都是教頭，職業棋手和詩人看球的角度勢必大相逕庭。

但我們從頭說起吧。

綜觀整個足球歷史，我最愛的球員非李奧．梅西莫屬。讓我如此確信的原因有很多，其中一個就是我偶爾會夢見他。打從我有記憶以來，在更早之前我只夢過小羅納度（Ronaldinho）偶爾使出的招式，或是在巴塞隆納對上皇家馬德里的大戰前夕，依稀夢到連球員臉孔都辨認不出的比賽（不用說，當然都是我們贏），但我卻夢到過梅西好幾次。我做過一個夢，夢裡我好像是他父親，從某間廚房的吧台端出早餐給他吃，想當然是在他的家鄉羅薩里奧（Rosario），即便我這輩子從未造訪過那裡。我做過一個夢，夢裡我跟梅西似乎有血緣關係，我好像是他大哥吧，跟他一起坐在一輛空巴士上，停在空無一人的足球場外。我做過一個夢，夢中他不斷射破對手大門，次次精彩、球球絕妙。他帶球衝破防線的樣子輕鬆寫意，地心引力在他身上絲毫不起作用。在我面前靈動活現的梅西，宛如一道幻麗的極光在夜空中跳躍舞動，令人心神嚮往、嘆為觀止。在我的這些夢中常常只有梅西一人，我猜佛洛伊德學派的精神分析師，一定能解析我夢中的元素，藉此告訴我許多關於我自己的事，但他們的分析範圍也只限於我，可能跟梅西本人沒什麼關係。但按我自己的詮釋（而我也私心想這麼詮釋）——我做的這些夢是一種超乎「此時此刻」的連結，我跟梅西兩人在神秘超然的無意識領域中建立了關係。儘管梅西本人毫不知情，但他在足球場上的表現經常讓我感到無比喜樂，當下的現實世界如此，夢中的虛幻國度亦然。

於是本書就此誕生了。我前陣子寫下這本書，是想延伸心中的這股喜樂，而不是要試著解釋其中緣由。義大利作家卡爾維諾（Italo Calvino）為二十一世紀的文學提出了五個值得追求的價值：「輕」、「快」、「準」、「顯」、「繁」。在我看來，梅西以他自己的方式全都具備了（我將在本書進一步探討）。

我童年時代蒐集的足球球星卡上都會有兩張圖片——一張是球星站在草皮上給攝影師拍下來的靜態照片；另一張則是他行動中的英姿，可能正在射門、可能正在停球，若是門將就是正在將皮球撲出球門。世上沒有人比梅西更善於詮釋這兩種狀態，他時而在場中央漫步、靜靜潛伏，剎那間又會以穩健的步伐爆起衝刺。或許這些書頁可以說是活起來的球星圖卡，像那種十秒內定義一整個動作招式的網路短片。我將用我的文字演繹梅西的動作招式——我稍受法國作家格諾（Raymond Queneau）《風格練習》（*Exercices de style*）的啟發，將試著描繪出梅西這個人所展現（或說傳授我們）的各種風格與面向，試著解構梅西、重寫梅西。他將是每段文字的主角，將呈現出千百種不同風格與面孔，而我將致力在這些書頁間，捕捉這名足球史上無人能望其項背的球星所散發出的一切華美、渴慕、天才、現代、執著、直覺等等。正因如此，「梅西」、「進球」、「巴塞隆納」將會是本書出現頻率最高的關鍵字，沒錯，當然還有「阿根廷」，但這也不令人意外吧？

本書也享有一項不可多得的特質——故事還未完待續，是尚在進行中的作品、是終場哨音還未吹響的比賽。只要梅西仍以職業足球員的身分奮戰不歇，本書的語句就有改動的空間，也勢必需要更動。我說的不僅僅是那些冷冰冰的數據、那些無人可比的恐怖紀錄，也是他的情感與激情、他那種每場比賽都能開創契機、用腳下的足球找到解答的能力。在梅西登上舞台之前，如此強大的創造力是整個足壇難以想像、更無力企及的。他像極了一名大藝術家，眼看手上的顏色不敷使用，乾脆自己動手發明了一種全新的顏色。

本書加泰羅尼亞語的初版於二〇一八年四月出版，此刻執筆撰寫本篇前言，恰好過了整整一年。在這十二個月裡，梅西在俄羅斯世界盃遭逢挫敗，未能完成身為阿根廷人的終極目標——帶領阿根廷國家隊稱霸世界；但他在巴塞隆納繳出令人印象深刻的絕佳表現，又一次讓球迷和記者不禁讚嘆：究竟還有什麼是梅西做不到的？

率隊戰勝托特納姆熱刺（Tottenham Hotspur）的那一役便是佳例。二〇一八年十月的一場歐冠盃小組賽，巴塞隆納作客溫布利球場（Wembley Stadium），最終以四比二力剋主隊。梅西在那場比賽繳出巨星級表現，個人獨中二元，還射中兩次門柱，最重要的是，當晚他的領袖風範展露無遺，率領全隊踢出一場既華麗亮眼又有實質成效的球賽。許多英國球迷總是對這名巴塞隆納十號嗤之以鼻、不屑一顧，彷彿在質疑：「真搞不懂為什麼大家都迷他？」但經過這一夜，他們全都對梅西改觀了。

如此耀眼的表現，梅西大概只會留給重要賽事吧？這樣想就大錯特錯了。梅西在西甲聯賽也多次上演天才般的神奇表現，讓舉世球迷津津樂道。非要從這一季選出一場永垂青史、長存足球集體記憶的比賽，我會說是二〇一九年三月，作客貝尼托．比亞馬林球場（Benito Villamarín Stadium）對上皇家貝提斯（Real Betis）的那一戰。巴塞隆納最終以四比一大勝，梅西在這一役上演帽子戲法、獨進三球，其中一顆進球的過程更是精彩絕倫，重播幾次都不嫌多——梅西在禁區邊緣偏左的區域接獲拉基蒂奇（Rakitic）傳球，但他不將球停死，就展現不可置信的精巧觸感，以奈米級的精準度輕輕一搓，使皮球輕柔地劃出一道完美的拋物線，恰好越過門將洛佩斯（Pau Lopez）的防守極限，最終打在橫樑下方彈射入網。梅西將這絕妙的一擊執行得如此輕鬆寫意，彷彿這顆進球沒什麼大不了，根本稱不上驚世駭俗的壯舉，但每一位有幸見證這一刻的球迷都心知肚明，這球絕對是一代足球名家的曠世巨作。就連遭逢慘敗的皇家貝提斯球迷，都為他不可置信的表現鼓掌歡呼，齊聲喊著他的名字：「梅西！梅西！梅西！」他們不由得感謝梅西賞給他們這個機會，得以親眼見證他大顯神威。順帶一提，蘇亞雷斯（Luis Suárez）在同一場比賽也有精彩表現，他帶球直搗中路、晃過四名防守球員後射球破網，整套動作頗有梅西本人的影子。這顆進球不僅凸顯梅西和蘇亞雷斯兩人的搭配默契十足，某種程度上來說，這球也可以說是梅西藉著蘇亞雷斯的腳踢出來的進球，因為梅西的隊友與他並肩作戰時，總會更勇於表現、踢球更有創造力。

我們巴塞隆納球迷，或說其實任何關注足球的人應該都很好奇：梅西退休之後要做什麼？足球這門運動總是聚焦在「此時此刻」、一場一場刷新重置，所以此刻的我們總覺得梅西退休的那日仍遠在千里之外，實在難以想像。但我們也明白沒有人抵擋得住生命的定律，或早或晚，看不到梅西在場上奔馳的虛空終將來臨。梅西在二〇一九年六月已屆三十二歲，在世界頂級賽事的沙場上南征北討已逾十五年歲月。我偶爾會重溫梅西其他時期的精華影片，每次觀賞都讓我震驚不已——梅西慶祝進球時，身旁站的竟然是小羅納度、比利亞（Villa）、哈維、伊涅斯塔、阿爾維斯（Alves）和內馬爾（Neymar）這些球員，我盯著這些畫面，恍若隔世。我們當然都曉得梅西一直在變，他的身體素質在進化，也會去適應球場上的新情勢，但他慶祝的手勢、他踢球的風格，都讓他好像王爾德（Oscar Wilde）筆下的格雷（Dorian Gray）一樣永不衰老。或許不停進球、不斷破紀錄會讓他青春永駐吧！事實上，本季的他還有一項非常出色的特質，就是他更懂得享受比賽了。梅西的決心與執著之下蘊含了更多的喜樂，甚至連鬥志都變得更強了，彷彿他已將年齡的壓力甩在一旁，明白他必須好好珍惜、細細品味場上的每一刻。

總而言之，每當我放眼未來、試著想像梅西足球生涯的遲暮階段，我真心無法想像他球技退化的模樣。這些年來，梅西在世人面前一再展現他絕佳的調適能力和嚴以律己的紀律，以及他不論在任何時刻都具備的殺手直覺——知道如何將自己的天賦發揮得淋漓盡致、藉以克敵致勝。可能是他迅捷的身手、可能是他遼闊的足球視野、也可能是他精準狙擊對手弱點的分析能力。梅西一場接著一場地上演這種創新應變的能力，是我們球迷看球最大的動力，而這股動力也將驅使我們追隨他的腳步，一路看到最後的那一天。待那天終於來臨，梅西不可思議的表現也將永存我們的記憶之中，供我們慢慢咀嚼、細細回味，其樂也無窮！

二〇一九年四月
於巴塞隆納

第一章 初登場

我們實話實說，梅西在巴塞隆納一軍的處女秀不僅毫不起眼，還吞下了敗仗，以二比〇兵敗葡萄牙球隊波圖（FC Porto）腳下。這場友誼賽是在二〇〇三年十一月十六日星期天舉行的，目的是為了歡慶波圖全新的火龍球場（Estádio do Dragão）風光落成。現今很多葡萄牙球迷回想起這一天，都巴不得踢進第一球、為這座新球場首開紀錄的是梅西，可惜最終事與願違。梅西的首秀可說是平淡無奇，跟一般年輕足球員的發展軌跡並沒有多大的分別——球隊高層某天突然把你選進一軍陣容，要你隨隊踢一場友誼賽，於是你就這樣打包行囊、跟著隊上的前輩一起出征，瞄向他們的眼神帶點羞澀又洋溢著崇拜之情，然後教練會在終場前二十分鐘把你叫上場，給你一點表現的機會。上場之前，你會將這個機會視為上天賜下的大禮；下場之後，你會因自己的表現無地自容，一想起剛剛錯失的良機就懊悔不已。

梅西也不例外，他在比賽前一晚緊張到無法入眠，比賽結束後的隔天早上，他為自己在門前錯失入球良機而捶胸頓足。話雖如此，我前陣子又重溫了這場比賽，以我的後見之明還有多年來對他的認識，我馬上就注意到當初這名瘦瘦小小、連球衣都鬆鬆垮垮的年輕小伙子，雖沒有繳出什麼驚天動地的表現，但他仍舊為葡萄牙這場無聊透頂的比賽注入了一點生機（葡萄牙本就不是多熱情澎湃的國家）。梅西的表現其實可圈可點，我不禁開始想像，要是他上場的時間更長、甚至踢滿全場，說不定會有截然不同的結果。

比賽那天，巴塞隆納一軍的成員大多去國家隊報到了，因此主帥里卡德（Frank Rijkaard）排出了不太尋常的比賽名單。霍爾克拉（Jorquera）坐鎮球門，比較有名的球星有奧萊格（Oleguer）、馬奎斯（Márquez）、納瓦羅（Navarro）、加布里（Gabri）、哈維與恩里克（Luis Enrique），其餘隊員都是從青年軍徵召上來的。下半場的換人方式非常符合友誼賽精神——大家都有機會上場踢球。終於，第七十四分鐘到了，梅西換下納瓦羅、躍上球場並邁出了他最初的步伐——這是王朝奠基的時刻、是一切的肇始、是金光閃閃的洗禮、是榮耀的起源。梅西當時披著十四號，似乎預示了這個毛頭小子終將企及傳奇球星告魯夫的成就。梅西走向教練指派給他的區域時，轉播那場球賽的葡萄牙電視台球評下了評論：「加泰隆尼亞那邊的人都說這位球員讓他們想起馬拉度納

（Maradona）。」

現在看來，把梅西比做馬拉度納再合理不過，甚至不等那位球評出口，球迷自己就會做此聯想，但這句評價在當時絕對是不折不扣的驚人之語。梅西不過才十六歲四個月又二十三天，他以這個年紀登上巴塞隆納一軍，是球隊有史以來第三年輕的紀錄。排在他前面的兩位球員，一位是以十五歲九個月又十一天的年紀，在范加爾（van Gaal）麾下初登場的巴班吉達（Haruna Babangida）；另一位則是傳奇前鋒艾坎塔拉（Paulino Alcántara），他在一九二九年二月的首戰就獨進三球，當時年紀才十五歲四個月又十八天。

梅西的這項紀錄（其實也只不過是梅西足球生涯無數紀錄之一），大概遮蓋了這場比賽更令人驚奇的細節。彷彿過往執意要與現今開個玩笑，當時波圖的教頭正是巴塞隆納日後的宿敵穆里尼奧（José Mourinho），巴塞隆納陣上則有恩里克，那天別上隊長臂章司職中鋒。梅西在那場比賽踢的是中場，照他自己的說法是擔任球隊的「組織核心」（playmaker）。比賽來到第八十分鐘時，梅西接獲恩里克一記迅速的長傳，差一點就把握機會破門得分。幾分鐘後，他從對方門將腳下把球搶走，眼看就要建功，他卻決定將球傳給隊友，結果這波進攻以失敗告終。梅西在場上奔走的二十分鐘可說是使出渾身解數，在場上的分分秒秒都身處球賽焦點，他不斷給對手製造麻煩，可說是頭號危險人物。隔天早上，西班牙《世界體育報》（*Mundo Deportivo*）的一對一（One by One）專欄給了梅西的表現三顆星評價，用「技巧精湛」形容這位年輕球員，還說：「這場比賽他踢得像小羅納度，本可以踢進兩球的。」

其實那天還有好幾位年輕的潛力新秀跟梅西一起升上一軍，他們全都是迷你球場（**Miniestadi**）孕育出來的巴塞隆納B隊球員，個個也都在尋找鎂光燈照耀的契機。這些球員包括李耶拉（**Oriol Riera**），現今效力於雪梨的流浪者隊（**Wanderers**），屢屢為球隊攻破對手大門；巴西籍的卡爾瓦諾（**Tiago Calvano**），為巴塞隆納B隊效力之後，曾在德國、瑞士、澳洲、美國等地踢球；同樣出征多國的艾克斯波西多（**Manel Expósito**）一樣曾遠赴澳洲，後來又在比利時乙級聯賽打滾，現已掛靴退休；戈梅斯（**Jordi Gómez**）當時跟梅西一樣年紀還很小，他很快就到英格蘭踢球，隨後又轉戰保加利亞，現在效力於賽普勒斯首都尼科西亞的奧摩尼亞隊（Omonia Nicosia）。這些球員現在都三十幾歲了，足球生涯可能不像梅西如此璀璨耀眼，但我敢說他們絕對忘不了初次披上一軍戰袍出征的那個下午。他們肯定逢人就問：「我跟你說過嗎？我跟梅西一起幫巴塞隆納踢過比賽。」因為他們心知肚明，只要提起這個話題，大家一定會全神貫注地聽他回憶起這段風光往事。

第二章

阿根廷小子

每一位職業足球員都曾是一個喜歡將球踢來踢去的小伙子，一個滿腦子想射門的小伙子。這小伙子往往連對手都不需要，只要一面牆就夠他玩了，或隨手拿個什麼東西當作球門，其實只要有奮力踢球的慾望就綽綽有餘。梅西很幸運，從小就有羅德里哥（Rodrigo）和馬提亞斯（Matías）兩位哥哥陪他踢球。他們兄弟三人加上另外三個表兄弟，經常結伴去踢那種類似街頭鬥牛的迷你球賽，阿根廷人叫做「un picadito」。每到星期天，這幾個小毛頭經常跑到西莉亞（Celia）外婆家，從早上踢到下午。他們全都住在羅薩里奧的同一區，日後也都走上同一條道路——年紀還很小的時候，就加入了家附近的格蘭多利俱樂部（Grandoli FC），後來又到紐維爾舊生隊（Newell's Old Boys）踢球。

那些古板到不行的基本教義派球迷，批評梅西在阿根廷國家隊的表現時，總愛說梅西從未在塵土與泥濘中打滾、抱怨他的足球並非家鄉的土壤孕育而出（阿根廷人稱這種塵土飛揚的場地為「potrero」），他們會抨擊梅西踢的球是「de villa」，像城市人那樣習慣在柏油硬地上比賽。他們簡直錯得離譜。梅西確實從五歲開始就找到一家俱樂部供他踢球，得以從容不迫地踢那種七人制比賽。但他也不僅僅在俱樂部的呵護下踢球，因為他跟每一位熱愛足球的小朋友一樣，任何能踢球的時刻都不放過。梅西的一位老師就曾回憶，這孩子以前上學時總會沿街踢球，一路上球不離腳。阿根廷名將巴爾達諾（**Jorge Valdano**）的回憶，也有助於消弭球迷對城市足球的偏見。巴爾達諾出生於拉斯帕雷哈斯（**Las Parejas**），那是一個鄰近羅薩里奧的貧民窟。他跟梅西一樣，足球生涯從紐維爾舊生隊起步。這位名將受訪時曾如此描述自己幼年的足球經驗：「我一走出家門就是走進上千平方公里的足球場，眼前只有一望無際的草原，雖然偶爾會有一頭牛、一棵樹擋在中間，但剩下的空間都是我的球場。」

對他而言，整個世界就是一個無邊無涯的足球場。這個自由自在、無拘無束的意像，足以讓我們的想像恣意馳騁。我們聽過太多太多故事，描述那些來自巴西、哥倫比亞、阿根廷的球員，他們出身貧賤，在街頭上身經百戰、在海灘邊歷經磨練，在南美洲的貧民窟中赤腳追逐一顆漏氣的皮球。這些彷彿出自童話故事的畫面，總讓我們回憶起自己的童年時光、勾起對往日的懷念——那些不受現今職業足球周邊瑣事打攪的日子；

那種二對二、三對三的小比賽；那種用幾件衣服代替的簡易球門。

梅西的狀況截然不同，他剛開始踢球時錄下的影片總讓我們驚訝不已，彷彿劇本早就寫好了，一切都按照計畫進行。梅西這個世代的小孩，從小就有影片記錄，我們不用憑空想像他小時候踢球的樣子。只要點開影片就能看到他五歲快六歲時，在家鄉的格蘭多利俱樂部的泥土球場上踢球，影片中年幼的梅西就已展露不凡的身手。我接下來的描述，肯定會讓你迫不及待上YouTube找影片來一睹他的風采——梅西是全隊最矮小的球員之一，但他已身披十號球衣，可能是父親給他穿的，也有可能是某位眼光獨到的教練將這個背號派給了他。球賽一開踢，兩隊的小朋友全都追著球跑，幾乎沒有任何組織和防守可言，每個人一心只想射門，其他的一概不管。這群小朋友奔跑時毫無節奏可言，反正衝累了就停下來喘口氣。畢竟他們都只是五、六歲的小朋友，又有什麼好期待？但人群之中有一個小傢伙格外耀眼，他跟其他小球員也是差不多的踢法，但又跟他們截然不同。他在場上機靈聰敏、一舉一動都收到絕佳的成效，他積極爭搶皮球，一旦搶到絕不掉球，對手怎麼攔都攔不住他，只剩對他犯規這個最後手段。否則他會恣意馳騁、帶球狂奔、中洞過人，最後勁射破網。等對手回到中場開球，梅西馬上又會把球搶過來，再度帶球長驅直入然後射門得分。他稍微慶祝一下就回到自己的半場，馬上又聚精會神，雙手緊緊貼著身體，一心想繼續進攻。

這是梅西幼年的紀錄，是他傳奇故事的前傳。有些家長喜歡拍攝孩子的生日派對或沙灘假期，但幸虧也有少數家長喜歡記錄孩子踢球的身影。

隨著梅西一步步成為足壇巨星，越來越多曾跟他相處的人，與世人分享了關於他的回憶，比如說住在祕魯利馬市（Lima）的曼德斯（Méndez）一家。梅西球員生涯送出的第一件球衣（紐維爾舊生隊的紅黑戰袍），就是送給他們，當時梅西來到祕魯參加La Amistad國際賽，這輩子第一次出國的他借住在曼德斯家。曼德斯一家第一晚就端出烤雞給梅西飽餐一頓，結果這道菜做得太辣，讓梅西身體不太舒服。梅西一直到隔天早上都還很不舒服，眼看沒辦法上場比賽了。但他在最後關頭喝了一點汽水，竟然就這樣好了起來，這種有趣的細節總會深印在人們的記憶中。紐維爾舊生隊最後以十比〇屠殺對手，光梅西一人就踢進八球。在YouTube上還可以找到這個盃賽的影片，紐維爾舊生隊最終突出重圍奪得冠軍。此時九歲的梅西已經踢了四年的球，他仍舊是隊上最矮的球員，但他跟隊友的搭配比以前更有組織了，而且發動進攻、突破對手防線的總是他。影片中可以看到一名防守球員將球踢上空中，年幼的梅西展現絕佳的控球技術把球停好，瞬間帶球過掉一名比他高壯兩倍的防守球員，然後將球射進球門。此時的他已經會像大人那樣慶祝進球了，隊友們紛紛跳到他身上，興奮地大吼大叫，時而歡呼：「olé、olé、olé！」時而呼喊他的名字：「李奥、李奥、李奥！」

梅西以十三歲之齡抵達巴塞隆納時，這些澎湃的激情又躍升至另一個層級。每當我欣賞他在巴塞隆納青年隊踢球的影片，最讓我感到不可思議的是從很多方面來說，當年的他跟現在簡直一模一樣。彷彿他一出生就擁有如此非凡的天賦，又好像是現在的他帶著全套天份與能力穿越時空回到過去，一點都不比現在差。他傳球、盤帶、射門、搖擺、完成一個動作的模樣，都跟今日的梅西無異。但梅西足球生涯最大的奧秘其實藏在攝影機的鏡頭之外——他在羅薩里奧第一次帶球、第一次射門、第一次慶祝的那天。

如果你播放那場比賽的影片，每當五歲的梅西在格蘭多利俱樂部的「potrero」泥土球場上射門得分，你都會聽到有人替他歡呼慶祝。梅西在一次進攻中狠狠撕裂對方防線，此時有個聲音喊道：「李奧，讓他們見識一下！讓他們見識一下！」而梅西也真的一再閃過對方的防守、長驅直入。這可能就是他外婆西莉亞的聲音，當年帶幾位孫子去練球的正是她，說服教練讓如此年幼的梅西踢球的也是她。在梅西的生命中，西莉亞是第一個如此深深影響他的人，但很不幸，梅西才十一歲的時候她就過世了。一直到今天，梅西進球後總會抬頭仰望、指向天際，以此紀念他的外婆。這個舉動彷彿打破了時間的屏障、帶我們回到過去，這位站在我們眼前的足球巨星，又變回了多年前的那個小男孩。

第三章

傳說中的餐巾紙

大概沒什麼人會注意到，其實有各式各樣的桌巾妝點我們的餐桌，是一件很幸福的事。只要上亞馬遜逛一逛，你就會發現那種纖維材質的餐巾紙可說是琳琅滿目、五花八門，不愧是關乎食物衛生的產品。各家廠商紛紛瞄準不同社經地位的潛在客戶，推出不同大小、顏色各異的餐巾紙。最低階的餐巾可能只有薄薄的一層蠟紙，經常會折成很多褶，讓我們星期天舉杯享用餐前酒時，可以稍微擦拭一下油膩的雙手。最高階的餐巾則有三層以上，簡直是奢華用品，可以用來吸乾、擦拭打翻的果汁和醬料。這種高級產品是懷著野心誕生的，旨在取代傳統的棉質白餐巾。而高階和低階產品之間，自然有中階產品生存的空間，也就是一般常用的那種輕量餐巾紙，通常是雙層的，每次點一份三明治或可頌來吃都會隨餐點附上。這種餐巾紙有一個很特別也非常重要的特色——可以用原子筆在上面寫字。

正因為這種餐巾紙沒什麼奢華的質地，紙質也不至於爛到有什麼缺陷，多年下來，世人曾在這種餐巾紙上抄下改變科學歷史的數學公式、計算過最新車款的空氣動力學、寫下最激情澎湃的詩句、畫出四—四—二陣型的對敵戰術。畫家達利（Salvador Dalí）

曾在吃完晚餐後，在餐巾紙上簽名當作餐費。爵士樂手庫加（Xavier Cugat）也幹過一樣的事，在餐巾紙上畫小插圖（只不過並非每次都能順利賴帳）。

但不論是高階、低階還是中階的餐巾紙，命運都只有一個——用完後就會被扔進垃圾桶。餐巾紙的壽命鮮少超過一天，也不會有人重複使用。餐巾紙的壽命真的短得可憐，這就是為什麼如果一張餐巾紙在使用過後還能存留下來、甚至在歷史上留下紀錄，通常都會裱框紀念、受眾人膜拜。現今全世界聲名最顯赫的餐巾紙，大概莫過於簽有李奧・梅西合約的那張了——梅西的第一份合約竟是簽在一張餐巾紙上，從此讓他與巴塞隆納足球俱樂部締下不解之緣（誠願如此）。

先交代一些基本事實吧，那張餐巾紙上的合約，是在二〇〇〇年十二月十四日的正午左右簽下的，那年梅西十三歲。雖說這是梅西的合約，但不是由他本人簽名，因為當時他把一切相關事務都交由阿根廷籍的經紀人賈吉奧利（Horacio Gaggioli）處理。簽約地點是蒙特惠奇山（Montjuïc）山腳下的龐貝亞網球俱樂部（Pompeia Tennis Club）的餐廳，現在想來真是萬幸，餐廳當時採用的是我們剛剛說的那種中階餐巾紙。簽約那天在場的人士有賈吉奧利、另一位足球經紀人明格利亞（Josep M. Minguella），還有時任巴塞隆納體育總監的勒夏克（Charly Rexach）。

事情發展的經過大致如下。在簽約的幾個星期之前，梅西通過了巴塞隆納的試訓。如前所述，如果你找出梅西那個時期的影片來看，你會發現這名年僅十三歲的男孩雖然是全場最嬌小的一位，但他奔跑、盤帶、射門的技術之精緻，絕對會讓你不敢相信自己的眼睛。但勒夏克拖拖拉拉的作風已經到了惡名昭彰的程度，雖然從羅薩里奧送來的球探報告都指出梅西有成為一代巨星的潛力，勒夏克還是拖了好幾週才親自去看梅西比賽，這也是因為勒夏克一般只關注年紀大一點的球員。當時梅西跟他父親的耐心已逐漸消磨殆盡，都已準備打包行囊返回阿根廷了，勒夏克才突然通知梅西去參加訓練。他叫梅西跟一群比他大兩歲的球員一起踢球，結果不用五分鐘，勒夏克就看出梅西確確實實是一塊不可多得的璞玉。勒夏克自此滿腔熱血地說服巴塞隆納簽下梅西，但當時主導球會的加斯帕（Joan Gaspart）、佩雷拉（Anton Parera）等人，對簽下這位來自阿根廷的男孩興致缺缺，因為一旦簽約，巴塞隆納就要負擔他留在西班牙的開銷、替他父親找一份工作，甚至還要替梅西負擔他的荷爾蒙治療費用（阿根廷的各家俱樂部就是不願支付這筆花費）。

這個僵局持續了好一陣子，遠在阿根廷的梅西一家又逐漸等得不耐煩了。有天早上，賈吉奧利約了明格利亞和勒夏克在龐貝亞網球俱樂部會面，對他們下了最後通牒——現在就簽，否則拉倒。「現在？直接在這裡簽？」勒夏克提出質疑，但他也感受到了眼前兩人不容質疑的決心，於是就決定在餐巾紙上簽定這份合約。勒夏克當時還不知道，這個看似平凡無奇的決定，開啟了一名傳奇球星的職業篇章。而且某種程度上來說，這份合約跟梅西獨樹一幟、難以模仿的球風有異曲同工之妙。

簽約當下沒有其他公證人在場，合約內容也沒有那種死氣沉沉、公式化的合約語言。這份非比尋常的合約如此寫道：

> 巴塞隆納，二〇〇〇年十二月十四日。在明格利亞與荷瑞修（賈吉奧利）的見證之下，巴塞體育總監勒夏克執行自己的權責，雖然有很多反對意見，仍決定與足

球員萊納爾．梅西簽約，前提是雙方維持協定好的金額。

寫完之後，三個人都在這段文字底下署名。這段文字的原文沒有任何句號和逗號，連賈吉奧利的姓都沒寫上，只匆匆寫了他的名「荷瑞修」。由此可見這張合約真的是最後一刻才擠出來的，不難想像擬定時有多倉促。即便如此，勒夏克這隻狡猾的老狐狸還是小心翼翼地在合約中寫下「雖然有很多反對意見」和「前提是雙方維持協定好的金額」這兩句，把自己保護得妥妥當當。

接下來的發展人盡皆知。這張餐巾紙讓梅西得以在二〇〇一年二月重返巴塞隆納，雖曾遭逢幾次挫敗、流過不甘的淚水，梅西仍漸漸適應了新環境，慢慢散發出耀眼光輝。跟他在同一條道路上奮鬥、一同闖蕩巴塞隆納低層級賽事的球員與教練，無不因他的榮光目眩神迷。

後來某一天，當梅西成為這個時代最厲害的足球員的事實已塵埃落定，賈吉奧利替那張餐巾紙裱了框，後來還把這份合約存進巴塞隆納一間銀行的保險櫃。足壇每隔一陣子就會風聲四起，傳聞巴塞隆納博物館將要展出這張名聞遐邇的餐巾紙，但賈吉奧利同樣是隻狡詐的老狐狸，他總說相關事宜可以提出來商量商量。或許巴塞隆納還須另外擬定一份合約，註明賈吉奧利出借這張餐巾紙的條件。來人啊，趕緊去通知勒夏克！

第四章

形容詞

梅西兩度挑射破網——第一球是以慣用的左腳將球輕輕挑過門將，另一球則是用右腳建功，雖非慣用腳，腳下功夫卻一點也不馬虎。除了這兩顆進球，梅西還收下了一球對手門將撲出後恰巧落在腳前的禮物；亦跑出全世界球迷再熟悉不過的路徑——從右側殺入中央，在緊緊跟防的守軍陣中起腳破網；最後一球則是從禁區外緣優雅射入，錦上添花。

令人讚嘆、無可比擬、難以捉摸、精彩絕倫、獨一無二。二〇一二年三月七日的這一夜，梅西在自家的諾坎普球場（Camp Nou）獨領風騷、狂進五球，率隊血洗了作客的勒沃庫森（Bayer Leverkusen）。這場球賽最終以七比一作收，初試啼聲的菜鳥特洛（Cristian Tello）踢進了另外兩球，但深烙球迷腦中的絕對是梅西獨中五元的瘋狂演出，而這也寫下了歐洲冠軍聯賽的新紀錄。隔天刊出的早報中，不只一名記者抱怨這位阿根廷巨星的表現再度令他們文思枯竭，再也找不到適當的形容詞描繪他精彩的演出了。

這個神奇的現象不是第一次，也不會是最後一次發生。回顧以往，我不記得歷史上有任何一位足球員曾引發相同的反應，沒有人曾抱怨比利（Pelé）、馬拉度納、告魯夫或迪斯蒂法諾（Di Stefano）的表現窮盡了他們的詞彙，令他們啞口無言。或許是我們這個世代的特色吧，任何事物都必須清楚定義並鉅細靡遺地分門別類，但我們也可以將這個現象視為對梅西最高的禮讚，是稱他為史上最強足球員的又一力證——他是那位窮盡筆墨仍難以形容的足球員。

就我記憶所及，這個現象首次發生於二〇一〇年三月的一場西甲聯賽，巴塞隆納作客羅馬瑞達球場（La Romareda）擊敗了皇家薩拉戈薩（Real Zaragoza）。我方最終以四比二獲勝，時值二十三歲的梅西上演帽子戲法，還在終場前殺入禁區博得十二碼罰球。此時他卻沒有選擇親自操刀這顆點球，反而將機會讓給隊友伊布拉希莫維奇（Ibrahimović）。伊布在這場比賽的表現可說是一場災難，一連錯失了三次絕佳良機，因此成功罰進這顆十二碼點球對久未建功的伊布來說可說是久旱逢甘霖。就憑這件事，世人能獻給梅西的眾多稱號又多了幾個——慷慨無私、寬宏大度，或樂善好施。

主帥瓜迪歐拉在賽後記者會上表示：「我沒有任何形容詞可以形容梅西了，我真的想不到，詞彙都用光了。」漸漸地，就連這種感嘆文字已不足以形容梅西的表達方式也變得稀鬆平常，成為讚美梅西驚人表現的另一種固有形式。其實字典中的形容詞無窮無盡，豈能用罄？頂多是有些記者文思枯竭罷了。事實上，梅西旋風引起的反應恰恰相反——他促使新詞彙誕生、他活化了語言，並且喚醒我們對語言的感動、創造力、較細緻的聯想與詩意。我們被迫將雙眼目睹的奇蹟轉化為文字，我們渴望用語言恰如其分地描繪他的演出。他不僅迫使我們深入記憶倉庫或在字典辭海裡探索，挖掘出最高級的詞彙稱讚他，他更逼著我們變得更有才智，以免因詞窮而老調重彈。梅西家鄉阿根廷的各家體育日刊，便是這方面的箇中高手。巴塞以七比一屠殺勒沃庫森的那場比賽過後，每日體育報《奧萊》（*Olé*）直接以「畢卡索」三個字當作頭條，並在副標上寫著：「足球藝術家」。宏都拉斯的一家日刊《迪也茲》（*Diez*）則將梅西的五顆進球比喻為：「梅西第五號交響曲」。加泰隆尼亞的體育報《*9 esportiu*》更是簡單明瞭，直接以「外星人」稱呼梅西。

作家塞拉（Màrius Serra）在《先鋒報》（*La Vanguardia*）針對梅西的表現撰寫了兩篇文章，他從abismal（巨大、龐大之意）到zaragatero（粗暴、喜歡喧鬧之意）一共列出了五百八十四個西班牙文形容詞，彷彿擔心有人想不到怎麼稱讚梅西。另一名作家帕斯托（Marc Pastor）則在一篇刊登於*Fot-li Pou*網站的文章中，為後世創造了一個全新的形容詞——「梅西式的」（Messian）。帕斯托對這個新詞的定義如下：

【梅西式的】（二十一世紀；出自姓氏「梅西」；與梅西相關；注音：ㄇㄟˊ ㄒㄧ ㄕˋ.ㄉㄜ）一、（形容詞）彷彿一名足球高手，在一場球賽、一個動作、或一次進球中，展現出高超球技、毅力、水準和力量。二、（延伸用法）在一場淘汰賽或決賽中，見證李奧．梅西的巨星級演出。例：「桑托斯在俱樂部世界盃決賽敗給梅西式的巴塞隆納。」「巴塞隆納近期打出一波無懈可擊的梅西式連勝。」「今年聯賽的皮齊齊獎由誰奪得？梅西式的蘇亞雷斯。」

二〇一〇年四月，距離梅西在羅馬瑞達球場大殺四方的演出才不過一個月，他的表現仍歷歷在目、還會令全世界球迷全身起雞皮疙瘩，此時梅西竟又在諾坎普球場對陣兵工廠的比賽中狂進四球，率領巴塞挺進歐冠盃四強。賽後兵工廠主帥溫格（Arsène Wenger）稱讚梅西根本是一名「PS遊戲球員」，和多年前巴爾達諾誇讚羅馬里奧是一名「卡通球員」有異曲同工之妙。溫格和巴爾達諾的言下之意，即是兩位球星的表現都已遠超常人理解，比起現實世界更像虛幻作品。

前陣子我才像一名電影評論家一樣，細細重溫了對決兵工廠那場淘汰賽的精彩畫面。影片中的球評說的是英文，當梅西踢進第三球時，球評說出了一連串的形容詞——精彩絕倫、勇於嘗試、魔術般的演出。其實我每次看比賽，通常比較喜歡看英文轉播，因為我總覺得用英文播報的球評專家，描繪場上亮點與精彩入球的功力較為高超。當然，用英文播報的球評受益於悠久的傳統，但除此之外，他們描述場上動態時，也會很直覺地尋找超越日常對話範疇的用詞。二〇一六年的最後一場西甲比賽由巴塞隆納對戰西班牙人（RCD Espanyol），我就是在美國的體育頻道beIN SPORTS觀戰的。當時beIN SPORTS的轉播由能言善道的球評哈德森（Ray Hudson）講評，他本身曾是效力紐卡索聯（Newcastle United）的球員，現在講起球來更是各種比喻信手拈來的大師。哈德森目睹了梅西精湛的演出，包括一顆精巧的入球後，他激動無比地扯開嗓子大吼：「他無人能擋！他是哈利・胡迪尼（Harry Houdini）加上大衛・布萊恩（David Blaine）！下一站，前進拉斯維加斯！地表最強球員，貨真價實的天才。」

第五章

C羅納度

梅西對上C羅、十號對上七號。只要將這兩人的名字並列而呈，馬上就讓人聯想到莫扎特與薩里耶利（Salieri）、〇〇七探員與諾博士（Dr. No）、可口可樂與百事可樂、批頭四與滾石合唱團的強強相碰。梅西與C羅都是無與倫比的一代巨星，我們該如何評價兩人之間的龍爭虎鬥？或許兩人的數據是很好的著手點。

恩里克初掌帥符的二〇一四—二〇一五賽季，巴塞隆納以九十四分的積分在西甲稱王，一共取得一百一十顆進球。皇家馬德里則以九十二分屈居第二，踢進了一百一十八球。縱觀這些數據，不難發現這兩支勁旅的成就簡直驚天動地，與歐洲其他主要聯賽的差距可說是天差地遠。稍微比較一下，德甲的拜仁慕尼黑（Bayern Munich）以七十九分、八十顆進球的成績奪下聯賽冠軍；切爾西（Chelsea）以八十七分、七十三顆進球捧起英超冠軍獎盃；尤文圖斯（Juventus）在義甲以八十七分、七十二顆進球奪冠，獲得在球衣繡上scudetto小盾牌徽章的殊榮。我知道這些只不過是冷冰冰的數據，不能與實際的比賽相提並論。但把這些數據攤在眼前，任誰都看得出來是梅西與C羅讓這一季的西甲顯得如此與眾不同。說得詳細一點，正是他們兩人之間的競爭較量，締造了絕無僅有的足球盛世。C羅是那一季的西甲進球王，一共踢進四十八球（十顆點球）。梅西則射進四十三球（五顆點球）。而且即使扣除兩人的進球，巴塞與皇馬的戰績在上述任何一個聯賽仍足以拿下冠軍，甚至還是能在西甲拔得頭籌。

這類數據就好比足球世界的功能性散文，雖然乏味無趣又缺少人味，但往往能從中看出許多端倪。請容許我再提出幾筆二〇一四—二〇一五賽季的數據，巴塞隆納整季的傳球次數獨步群雄，以二萬二千一百一十四次領先皇馬的一萬七千六百八十四次。以單一球員來說，梅西的傳球次數高居第三，只輸給特拉索拉斯（Roberto Trashorras）和克羅斯（Toni Kroos）；而且在助攻榜上還獨佔鰲頭，以十八記助攻領先C羅的十六記。

毫無疑問地，梅西跟C羅兩人的生死鬥決定了這幾年西甲的走向，更直接主宰了巴塞跟皇馬之間的恩怨情仇。二〇一〇年到二〇一三年，穆里尼奧執掌皇馬這支蛋白霜軍團（Merengues）的兵符，他粗俗無禮、處處挑釁的執教風格，使兩隊本就戰雲密布、烽火連天的戰火延燒至技術指導區——頭兩年與瓜迪歐拉和他的副手比拉諾瓦兩人針鋒相對，後兩季與升上主帥的比拉諾瓦鬥智鬥勇。回顧這幾個賽季，我至今都還記得那種劍拔弩張、互相敵視到令人難受的氛圍。那種滿滿的惡意是種種缺乏運動家精神的行為造成的——包括穆里尼奧用手指偷戳比拉諾瓦的眼睛、佩佩（Pepe）每次對上巴塞那種暴力嗜血的踢法等等。但這種白熱化的氣氛，也奠基於兩隊在足球場上超高水準的演出，一丁點的失誤都會付出慘痛代價。唯因如此，世人才有幸見證這兩支球隊接連以破紀錄的一百分積分捧起聯賽冠軍獎盃的大戲、有幸見證梅西單季狂進五十球奪下皮齊齊獎的奇蹟。五十球！當真是不可思議的奇蹟！

身為巴塞隆納球迷，我當然覺得我們是好人、他們是壞蛋。況且瓜迪歐拉和比拉諾瓦兩位教頭堪稱足壇典範，在履行各自足球理念的過程中，展現良好的品味與端正的行為，而這似乎讓穆里尼奧越發惱火。瓜迪歐拉從不因不利的判罰跑去跟裁判爭論，穆里尼奧則經常扭曲事實、批評裁判，藉此替自己的敗仗找藉口，尤其是輸給巴塞隆納的時候，每次輸球的責任都推到別人頭上，每次贏球的功勞都往自己身上攬。就連最厲害的好萊塢編劇，都創造不出這種妖言惑眾的蠻橫暴君。皇家馬德里球迷還會為他那些虛偽做作、裝模作樣的行為辯護，說什麼生命本就是一場豪賭，說什麼當惡棍永遠比扮英雄更有趣，好像梅・韋斯特（Mae West）所言——好女孩混天堂，壞女孩哪都混得下。皇馬球迷就愛扮演反派角色，自以為成功對抗不公正的世界而沾沾自喜，從中得到某種病態、瘋狂的優越感，好像這樣就能證明自己有優良純正的血統，他們馬德里人真的很愛追求這點。他們渾然不覺，自己忽然間就憑空發展出一種受害者心態——只能透過不斷與世仇比較，才能找到自己的定位。善於將人們內在的心思精煉成隻字片語的體育媒體，將這種心態稱為「巴塞病」（barcelonitis）。

每當我重訪這段歲月，以我的後見之明，總會特別注意到兩個細節。第一是毫無疑問地，C羅在穆里尼奧的麾下進化了，這位教頭激發了他求勝的鬥志，但也養成他任性的脾氣、個人的虛榮心，每每無理取鬧卻絲毫不察。第二，皇家馬德里之所以網羅C羅，是寄望他成為對付梅西的解藥。

梅西和C羅的頂尖對決可說是世界球迷的精神糧食，大家總喜歡把這兩位球星擺在同一個天秤上衡量，預設他們處於相同的水準。但就事實而論，在大家開始比較兩人之前，比C羅年輕兩歲半的梅西早就是出類拔萃的球員了。簡單來說，梅西永遠都會是梅西，他注定會踢進一顆又一顆的進球、打破一項又一項的紀錄、囊括一座又一座的金靴獎和金球獎。C羅就完全相反，C羅之所以是C羅，全靠與梅西的競爭，兩人實有天壤之別。

每當比較梅西和C羅這對足壇世仇，金球獎這類的個人榮譽也是很重要的面向。兩人目前各拿下五座金球獎，但現已三十三歲的C羅，在球場上的表現越來越不到位，衝勁也不如以往，看來不太可能會再贏下一座金球獎。C羅在二〇一八年的夏天離開馬德里、前往義大利的杜林（Turin），改披尤文圖斯戰袍。轉戰義甲之後，比賽節奏變得較慢、身體碰撞沒那麼激烈，可以讓C羅更順利地轉型成禁區型前鋒。如此一來，他踢球的方式馬上就會變得更靜態、更以自己為中心。除此之外，尤文圖斯這支「老婦人」（Vecchia Signora）周遭總有閃耀動人的光環，C羅絕對會沉浸其中，也肯定會醉心於義大利上流社會那種香水、時尚與美艷瀰漫的環境。因此，他如何在足球生涯的最後幾年管理好自己、維持自身狀態，將是未來的一大看點，他退休之後的生活當然也不能錯過。C羅究竟會不會變成足球場上的史旺森（Gloria Swanson）？每分每秒都想成為鎂光燈下的焦點、不願面對自己的皺紋、對別人的成功嫉妒不已？又或者試圖仿效貝克漢（David Beckham），走上同一條生涯路徑——走出球隊更衣室、穿過球員通道後，就一腳踏上時尚伸展台？C羅確實是一名無與倫比的足球員，有許多出類拔萃的能力與特質，這點沒人可以否認。倘若他生在別的時代，他的力量、執著、韌性與不懈的鬥志肯定夠他傲視群雄、稱霸多年。但與梅西相比，儘管他有實力在足壇上雄霸一方，但仍未能登上梅西悠然佇立的巔峰之境，永遠只能在兩、三步之外瞻仰他的身影。C羅最終也只能眼睜睜看著內馬爾、姆巴佩（Mbappé）、阿扎爾（Hazard）、庫蒂尼奧（Coutinho）、博格巴（Pogba）、德布勞內（de Bruyne）、薩拉（Salah）、凱恩（Kane）等後起之秀群起逐鹿，在金球獎的頒獎台上擠下他們兩人，終結一個朝代的風光。

C羅遺留給足球集體記憶的印象也值得一提。C羅的進球幾乎清一色都是個人技巧的展現，是一張張僅供自己私藏、回顧的自拍照。大家都看過他因隊友沒將球傳到他腳下就大發雷霆，或是吞下敗仗後抱怨隊友沒有盡心盡力，又或是只慶祝自己的入球。他簡直把足球當作個人運動，甚至貶低至《飢餓遊戲》裡那種適者生存式的掙扎奮鬥。這類個人主義的自我挑戰讓他的人格特質盡顯無遺，甚至變本加厲——從他渾身的肌肉、激動的狂吼、緊張的淚水可見一斑。梅西在巴塞隆納的表現恰恰相反，他總是緊緊抓住球隊的核心精神，甘心放低身段、只求成就一支絕佳團隊，並且竭力確保自己的足球圖像裡，總找得到隊上其他前鋒的身影，不論與他搭配的是小羅納度、亨利（Thierry Henry）、蘇亞雷斯還是內馬爾。

說實話，我對預言向來沒什麼好感，尤其是關於足球的預言。即便如此，我還是要直截了當地預測：多年以後等C羅退休，梅西的足球還是會繼續進化、更新，繼續踢進一顆又一顆的進球，而且能多踢好幾年。我只祈願他征戰沙場時，身上披的仍是巴塞隆納戰袍。

第六章

獻祭

傳說事蹟經過時間的渲染，往往會變得更加誇大，並蒙上一層神秘的面紗。現實與虛構的界線逐漸模糊，傳聞於焉誕生——比如說相傳披頭四在一九六五年來巴塞隆納舉辦演唱會時，全城上下有一半的市民都去聽了，擠爆紀念鬥牛場（Plaza de Toros Monumental）；或是聖羅倫佐（St Lorenzo）有十八根手指保存了下來。這樣想來，如果關於梅西的神話與傳說在今日就已傳遍全球、他的數據與紀錄在今日看來已非人類所能企及，那我們實在難以想像五十年過後，世人將如何瞻仰這位史上最強的足球員（五十年後梅西肯定還是史上最強，這段時間要出一位企及他高度的球員機率太低了）。如果有一天，大家相傳梅西其實是一名阿茲特克或瑪雅神明的化身，或至少是南美洲某位遠古天神下凡，我一點都不會覺得訝異。世人可能會流傳，巴塞隆納每到賽季末都要向梅西獻祭——開除一名前鋒當作祭品，以求天神梅西繼續為巴塞效力。

我不確定我腦中浮現這個畫面，是因為看了《丁丁和太陽神廟》（*Tintin and the Temple of the Sun*）、讀太多西班牙征服者科爾特斯（Hernán Cortés）的信件，還是因為看了梅爾・吉勃遜（Mel Gibson）的電影《阿波卡獵逃》（*Apocalypto*）。不管怎麼樣，我把巴塞隆納每個賽季鋒線球員的離去，看成一種獻祭的隱喻，獻給墨西哥作家維洛羅（Juan Villoro）筆下的足球這位神明。隨著一年一年過去，被推上祭壇的祭品名單也越來越長……

二〇〇八年的夏天，瓜迪歐拉接替里卡德晉升巴塞帥位。他馬上就決定替球隊換新氣象，送走了隊上兩位（光芒日漸黯淡的）明星小羅納度與德科（Deco）。艾托奧（Eto'o）原本也看似要隨著這兩位明星的腳步離隊了，但這名前鋒最後多撐了一個賽季。巴塞隆納那年豪奪三冠，艾托奧踢進了高達三十六顆進球，還在於羅馬舉行的歐冠盃決賽中射進一球，助球隊以二比〇擊敗曼聯（Manchester United）。即便如此，巴塞還是在隔季逼他轉會到國際米蘭（Inter Milan）了，於是艾托奧在鋒線上的位置由伊布拉希莫維奇接手。

由此看來，艾托奧是第一位壯烈犧牲的前鋒，失去了跟梅西並肩作戰的殊榮。他離隊後的幾個月，高大壯碩（且脾氣暴躁）的伊布拉希莫維奇與身材矮小的梅西搭配效果不甚理想，於是那年夏天球隊就將他租借至ＡＣ米蘭了（AC Milan），從此沒再回來。

這次嘗試的挫敗，並未損害瓜迪歐拉的聲譽與地位，伊布還（用憤憤不平的語氣）把他稱為「足球哲學家」。多年後，有人請伊布拉希莫維奇選出他心目中的史上最佳十一人，他把自己和梅西一同選入陣中，笑了一聲說道：「梅西是天才，而我是天神。」

二〇一〇年跟伊布拉希莫維奇一起離開的還有亨利。亨利的球風輕盈、迅捷又光彩奪目，彷彿球場上的尼金斯基（Nijinski）、是善於在禁區翩翩起舞的芭蕾舞者。他來到巴塞後跟梅西一拍即合，但此時的他已是征戰多年的沙場老將，已無力應付歐戰賽事的巨大壓力，於是飛往美國另闢蹊徑了。自此以後，每年的季前轉會期彷彿都成了一種獻祭儀式，巴塞隆納年年都要向這位身披十號戰袍的南美遠古天神獻上祭品。這些年來犧牲的祭品包括二〇一一年的保贊（Bojan Krkić）、二〇一三年的比利亞、二〇一四年的桑切斯（Alexis Sánchez）、二〇一五年的佩德羅（Pedro）、二〇一六年的穆尼爾（Munir）與二〇一八年的阿爾卡塞（Alcácer）。除此之外還有一些來來去去的二線球員，像是赫弗倫（Jeffrén）、艾費利（Afellay）、昆卡（Cuenca）、特洛、桑德羅（Sandro）與德烏洛費烏（Deulofeu）。這些年輕球員大多是巴塞自家養成的，球隊往往會將他們租借至其他球隊，歸隊後沒幾個月又會把他們送走，彷彿這些球員只是用來滿足梅西的獻祭儀式。

但離隊前鋒的名單越來越長，究竟原因何在？跟梅西搭配是否很困難？是否要求太高？就我看來，事實恰恰相反——梅西讓一切都變得易如反掌，他樂於付出，也傳出無數記助攻。但他也堅持扮演領袖角色，並非所有人都能容忍他當領袖的方式。當然，梅西跟隊友之間的信任程度與默契好壞肯定也是重要因素，但若以為梅西只有跟交情好的朋友（就像他現在跟蘇亞雷斯之間的友情，誠願他倆友誼不散！）才搭配得起來、才能繳出好表現，你就大錯特錯了。其實場上表現跟私下交情不見得有關係，我們每次看到球員在場上配合得天衣無縫，比如說梅西多年來跟阿爾維斯的搭配、近期跟阿爾巴（**Jordi Alba**）的連線，往往以為場上的默契一定會轉化為球場下的友誼，彷彿反映出某種報恩心態。但說真的，球員私底下的交情往往沒那麼有趣，遠比球迷替他們想像的關係單純得多。

根據《加泰羅尼亞晨報》（*El Periódico*）記者羅薩斯（Emilio Pérez de Rozas）的報

導，智利前鋒桑切斯在二〇一一年八月來到巴塞隆納時，曾向時任體育總監的蘇比沙列特（Andoni Zubizarreta）致謝，感謝他將自己帶來這個「唯一能讓我拿下金靴獎和金球獎的俱樂部」。當時桑切斯二十二歲，比梅西還小一歲，就已在義甲和南非世界盃大殺四方，只是仍未贏得任何獎項。蘇比沙列特回應了桑切斯，大概是用他那睿智又沉穩、從不冒犯人的口吻說道：「桑切斯，我跟你說，只要那邊那位小個子還在隊上，你要得金球獎的難度真的很高，更不用說金靴獎了。」桑切斯在巴塞隆納待了三季，隨後前往英格蘭追尋更多進球與更高的聲望，但至今未能奪得金球獎。

至於二〇一七—二〇一八賽季的祭品，與其說是向天神梅西祈願的獻祭儀式，大概更適合稱為自焚事件。巴塞隆納讓內馬爾離隊，怎麼看都不像是為了討梅西開心，就算是最血腥暴力的漫畫，或名導演吉勒摩戴托羅（Guillermo del Toro）的恐怖片，大概都找不到這種劇情。事實恰好相反——巴塞隆納當初簽下蘇亞雷斯與內馬爾與梅西並肩作戰，組成了一支令敵人聞風喪膽的進攻三叉戟，當時可說是風華絕代、戰功卓絕。更合理的解釋，是內馬爾見識過梅西身為球隊天神的風光後，自己也渴望成為讓俱樂部年年獻上祭品的天神（卡瓦尼小心了），於是以數億歐元的轉會費為代價直奔巴黎聖日耳曼（Paris Saint-Germain）大營。內馬爾走後，巴塞隆納找來丹比利（Ousmane Dembélé）頂上鋒線陣容，目前看來已贏得球迷與主帥巴爾韋德（Ernesto Valverde）的信任。這名高高瘦瘦的年輕人是害羞內向的千禧世代，巴塞簽下他所費不貲，但他表現優異，在隊上前途無量、未來可期。反觀庫蒂尼奧來到巴塞隆納時，他的光芒就被丹比利遮蓋了，還要背負隊史最貴引援的罵名。他在巴塞踢了一個半賽季，仍未能適應球隊的風格，若以抽象一點的方式形容——他在球場上的表現總夾雜著一絲淡淡的哀愁。庫蒂尼奧的足球要開花結果亟需耐心等候，而巴爾韋德也確實願意等他，然而眾多球迷已開始對他投以質疑的眼光，要是他最終被推上祭壇我也不會太訝異。

第七章

前人與來者

迪亞哥．阿曼多．馬拉度納（Diego Armando Maradona）真是非比尋常的人物。他總是踩在運動與奇觀的邊界上，可以硬生生把枯燥乏味的賽前熱身變成氣氛歡騰的娛樂秀。不管是隨阿根廷國家隊出征，還是為義甲的拿坡里（Naples）效力，他在賽前做出的熱身動作活像一套動感十足的舞蹈，有時根本是馬戲團雜耍和有氧健康操的混合體——球場喇叭正大聲炸出一首歌，只見暱稱「蓬鬆亂髮」（El Pelusa）的馬拉度納隨著音樂起舞、玩弄腳下的皮球。你可以上網搜尋他配著Opus樂團朗朗上口的〈Live is Life〉熱身的影片，馬拉度納連鞋帶都沒綁好，而他也不管，好像跳舞一樣玩著皮球，時而用雙腿挑球、時而用頭或用肩膀將球高高頂起。他玩球時也不忘看著觀眾席的球迷，有一次還叫大家用拍手的方式幫他計時。我是不清楚這樣做實際上的效果如何，但我確定如此跟觀眾互動肯定會吸引球迷提早進場看他熱身。

我每次去諾坎普球場看巴塞隆納比賽，總會盡量提早入場看球員熱身。看梅西跟他黃金時代的隊友熱身真是一大享受，除了欣賞比賽本身，我對他們賽前、賽後身邊發生的大小事都很感興趣。我喜歡看他們搶圈時怎麼嘻笑打鬧（就是玩那種圍成一圈傳球、中間有人當鬼搶斷的練習）、喜歡看他們怎麼決定傳球給誰、喜歡看他們伸展拉筋。賽前熱身或平時訓練時，球員有時會踢進驚天動地的世界波，要是在實際比賽中出現，絕對會載入史冊、名留青史，但卻只有少數特別關注他們的球迷，有幸在比賽開踢前的準備階段見證了這些奇蹟、為他們歡呼叫好。

梅西熱身時就像一名業務代表，拿著產品型錄向你兜售待會比賽中要推出的產品，而且偶有驚世演出。舉例來說，我有天下午到諾坎普球場看巴塞球員熱身，就看到梅西和阿爾維斯兩人相距三十到四十公尺之遙互相傳球，一個人站在角球點附近，另一人都快站到中場線了。其中一人大腳傳球給對方，接球的人先是用胸部把球接下、控好、挑個幾下之後又把球凌空踢了回去；對面接到球後，一樣保持球不落地，然後又把球大腳傳了回來。兩人就這樣來來回回傳球，持續了好一段時間，大概傳了有十到十二次吧，在場的球迷才慢慢注意到這個小練習，個個看得目眩神迷。我旁邊有位老兄看我瞠目結舌的樣子，一看就知道是新來的，就用老球迷那種見慣世面的鎮定語調說道：「這哪算什麼？他們每個禮拜都這樣玩。」

其實足球比賽的每一個面向都極其寶貴，等著我們去細細品嚐，我認為電視轉播應該盡情挖掘這個寶窟——在盡量保護隱私的前提下，讓球迷一窺球員賽前賽後的真實樣貌。我不是建議攝影人員闖入更衣室，但如果比賽結束後不要馬上進廣告，畫面可以在場上停留久一點、播出終場哨音吹響之後的寶貴片刻，這不是很好嗎？我好想看看球員在這些時刻的反應——或大汗淋漓、筋疲力竭，或狂喜地振臂狂歡、或落寞地低頭沉思。我也好想看看球員怎麼互相道賀，然後一同走向更衣室。我還想看好多好多東西，比如說球員都跟誰交換球衣。我想看對手來請求梅西跟他們交換球衣時，臉上展露的崇拜與仰慕之情（上半場結束時會有一位球員獲此殊榮，終場哨音響起後還有一次機會）。其實仔細想想，每次決賽結束，我們不都會看完整場頒獎典禮、看勝者跟輸家等待獎盃捧起的那一刻、然後看球員大肆慶祝嗎？我真希望每場比賽都享有這種規格，就算只有五分鐘也好。我可能是個傻子吧，但我真心相信這些實際比賽之外的場外時間——更不用說中場休息時球員更衣室的十五分鐘——其實都蘊藏著關於比賽本身的豐富資訊，就像是文章下方的註腳、是樂曲附加的尾聲、是電影最終的片尾名單。這些都是文學理論家所說的副文本（paratext），就是對比賽這個主要內容的一切補充，像是訪問主帥的賽後記者會、球員發表的言論等等。

某種程度上，我這是在說足球迷全都是偷窺狂，比賽結束後還想窺探一下偶像的生活。我們都想當球星家牆上的蒼蠅，哪怕只有十分鐘也樂得開心。現在的足球環境已不像從前，變得職業化許多，但我記得多年前我還小的時候，各家報社的體育記者總能帶我們貼近球員，而且距離比現在靠近得多——賽季都還沒開打，體育報刊就會刊出球隊每天的練習時程，以前我們開季前都是在荷蘭訓練。那些記者會為我們報導球員兩兩分配房間的名單、空閒時做了什麼事、午餐吃了什麼（我都會請母親煮一樣的菜色給我吃）。

其實現在這個時代，以Twitter和Instagram為首的社群媒體也扮演了這種窗口，球員偶爾也會讓我們透過這些窗口窺視他們的生活。但跟以往相比，這種方式感覺經過更多計算、有人居中控管我們接收到的資訊。

提到窺探球星的私人生活，既然本章我以馬拉度納開頭，那我也該有始有終、以他做結。一九八二年是馬拉度納加盟巴塞隆納的第一個賽季，球隊在一場主場賽事中以一比一踢平希洪競技（Sporting de Gijón）。那天我在收音機上聽比賽轉播，大概是普亞爾（Joaquim Maria Puyal）在巴塞隆納電台（Ràdio Barcelona）講評的。我在收音機前聽得很清楚，馬拉度納率領的巴塞全隊踢出了一場毫無激情的比賽。比起因為球隊錯失一分積分而憤憤不平（當年贏球得二分積分，平手得一分積分），我更替馬拉度納難過。身為一個天真爛漫的鄉下小孩，我竟決定打電話給馬拉度納、替他加油打氣。我先打給了查號台，詢問迪亞哥・阿曼多・馬拉度納的電話號碼。電話那端的接線員聽起來一點也不詫異，只叫我稍等一下，竟然真把他的電話號碼給我了。我趕緊把號碼抄在紙條上，握著話筒一言不發地坐在那裡，好不容易才鼓起勇氣，撥了那七個號碼。電話另一頭有人接起了話筒，對話大致如下：

「喂您好？」一位女生用阿根廷口音的西班牙文說道。她聽起來很年輕，我心想她肯定是馬拉度納的女友克勞蒂亞（Claudia）。

「你好，迪亞哥在嗎？」（看我還故意跟他裝熟。）

「請問你是誰？」

「嗯……我是他朋友。其實也不是朋友，是球迷啦，我是巴塞球迷。」

「噢，好。迪亞哥現在不在，他還沒回來。」

「好吧。麻煩幫我告訴他，我一定會全力支持他。我們一定會得西甲冠軍，因為他超強的。」

「哇，謝謝！」她說完就把電話掛斷了。

有好長一段時間，我都以為她最後這句道謝是真心誠意的，也相信當時迪亞哥真的不在家——大概還在從諾坎普球場回家的路上吧。不管怎麼說，我從不懷疑那天晚上，我透過電話成功潛入了馬拉度納的家。但儘管達成了這項天大的成就，我卻對身邊的同學隻字未提，因為就算說了他們也一定不會相信。

第八章

十二碼點球

世界上一定有個菁英俱樂部，或是某種秘密組織，只有曾擋下梅西十二碼點球的守門員才有資格加入。他們大概每年都會來到貝尼多母（**Benidorm**）這種濱海小鎮，找間靜謐的飯店聚集一次，活動內容可能包括歡迎新成員入會（可能人數不多，畢竟梅西很少失手），以及彼此交換情報、互相分享梅西近期的罰球傾向。這群人會討論他最近是否較常射向球門左邊、如何阻止「**la paradinha**」這招（助跑到最後一刻突然急停再射門），或是對梅西說出什麼密語可以在射門前一刻影響他的心情。出生於加利西亞自治區（**Galicia**）的守門員洛佩斯（**Diego López**）最有資格擔任這個秘密組織的主席，他是唯一兩度擋下梅西十二碼點球的門將，而且兩次都是在西班牙國王盃賽事。第一次是二〇〇八年一月，替比利亞雷亞爾（**Villarreal**）守下一球；另一次則是相隔十年後的二〇一八年一月，效力西班牙人（**Espanyol**）時期，奮力撲出梅西的射門。副主席應交由拉科魯尼亞（**Deportivo de la Coruña**）門將魯本（**Rubén**）擔任，同為加利西亞人的他，也一樣讓梅西在十二碼罰球點上射失兩球——第一次是他撲下的；第二次借用球迷常用的比喻，是梅西自己打飛機，一腳把球踢上天了。

十二碼點球確實是梅西的罩門，是他的阿基里斯之踵，但我們也不必太替他著急，因為就連這項弱點也有它的邏輯。與足壇其他頂尖射手相比，梅西罰十二碼的數據稍微遜色了一點，但我們之所以如此震驚，僅僅是因為我們不習慣梅西竟也有未能稱霸天下的項目，我們心裡早已預設罰球對他來說如探囊取物，肯定會球球破網。截至今日（二〇一九年四月二日），梅西一共在各項主要賽事替巴塞隆納和阿根廷國家隊主罰了一百零五顆點球，也射失了其中的二十四球，幾乎達到四分之一。我們有兩種方式可以解釋這個現象——一個是生理上的原因；另一個則屬於心理與精神層次。

生理上的原因很簡單，《先鋒報》做的一份調查指出，成功守住梅西十二碼罰球的守門員之中，有一半的身高超過一九〇公分。因此僅僅一七〇公分的梅西站上罰球位置時，那些守門員肯定像個大巨人聳立在門前，還會伸出長臂、左右跳躍、奮力飛撲，彷佛輕而易舉就能從一個門柱守到另一個門柱，完全擋住球門範圍。然而這只不過是一種視覺錯覺，每個球場上的巨人歌利亞都有對付不了的小大衛，況且梅西總能將球踢向最意想不到的位置。而且如果我們仔細研究梅西射失的點球，不難發現他就連射丟十二碼時都展現出他善於應變的特質。他射失的點球之中，有的射向右邊、有的踢往左側、有的踢得太輕、有的力道太強。他有時被門將猜對方向，也曾在踢球前一刻滑了一跤，他射中過門柱，也有三次射球被門將擋下後彈回腳下、補射入網。

另一個心境上的解釋就合理得多——梅西之所以射失十二碼罰球，是因為要射進實在太簡單了。沒錯，聽好了，我真的這樣說！其實直覺上也不難理解，踢點球時缺少那種克服艱難的刺激感，眼前只有無助的門將任人宰割，就連大多數點球都會破網這個事實，都對梅西不利。罰自由球時，至少還有一排人牆擋在前面。除此之外，操刀十二碼點球時有太多思考的機會，有太多選項可以選擇、太多條路可以走。從裁判指向禁區罰球點那命定的一刻起，到梅西把皮球放上罰球點、看向守門員、助跑、射門，這段過程漫長至極，千百個念頭在腦中奔騰飛竄，對梅西來說絕對是精神上的折磨。你要想想，梅西可是習於在毫秒之間當機立斷的球員，腳起刀落幾乎全憑直覺。

多年前，馬拉度納結束他在歐洲賽事的冒險篇章、回到阿根廷踢球後，曾連續五次射失十二碼罰球。由此可見，要一次又一次走向禁區、操刀十二碼點球，背負的壓力是何等巨大。

雖然被球隊指派為十二碼點球的主罰手，等同奠定了主要進攻手的地位，手握大旗帶隊衝鋒陷陣，也能為自己累積更多進球數，但梅西偶爾還是會將此殊榮讓給隊友。這除了展現梅西為隊友設想的無私情操，同時也讓他避開了操刀點球時選項太多無從選擇的窘境。我們看過他把點球讓給蘇亞雷斯、內馬爾，以及如前文所述，在對上皇家薩拉戈薩的比賽中讓給伊布拉希莫維奇。

截至目前為止，梅西射失的十二碼點球之中，最讓他心碎、代價也最高的一球，絕對是二〇一六年六月，美洲盃決賽對上智利的那球。阿根廷與智利兩隊一路鏖戰，正規時間和延長賽都打完了，依舊沒有任何一方找到空隙攻破對手大門。緊接而來的是決定生死的點球大戰，而梅西肩負為阿根廷射進第一球的重責大任。沒幾秒前，智利的比達爾（**Arturo Vidal**）才剛射失了一球，梅西獲得帶領阿根廷迎向勝利的絕佳機會，沒想到他卻失手了。再借用一個球迷常用的比喻——一腳把球踢上外太空。後來智利門將布拉沃（**Bravo**）又撲掉了阿根廷隊比格利亞（**Biglia**）的罰球，助智利奪得美洲盃冠軍。

另一方面，足球史上也沒幾位球員曾像梅西一樣故意射失十二碼罰球，而這球絕對是他最甜美的一次失手。二〇一六年二月十四日情人節，巴塞隆納對上維戈塞爾塔（Celta de Vigo）的比賽中，巴塞以三比一領先對手。梅西此時主罰了一記聞名全球的十二碼點球。我剛剛又上YouTube複習了一次，梅西操刀這顆點球之前，迅速跟戰友交換了幾個眼神，他向前助跑之後沒有猛力射門，竟然把球輕輕向右一推，出其不意地傳出一記怯生生的助攻。這球看起來是要傳給內馬爾的，但蘇亞雷斯趕在他之前把球踢進了。全球各地的主播球評無不驚訝地揉了揉眼睛，講評這顆進球的語氣彷彿是見證了火星人降世。這記十二碼罰球已經超越了點球的固有領域，踏入精神的抽象層次了。本書稍早提到的超級球評哈德森，見證梅西踢出這球時放聲尖叫，吼著說：「我們剛剛看到的，根本是莎士比亞的劇本！但莎士比亞搞錯了，不是《李爾王》，是《李奧王》才對！」

梅西已出神入化到一個地步，他時不時就會放眼足球淵遠流長的傳統，再現足球歷史上神話般的夢幻絕招，看他重新演繹足壇經典實是球迷之福。這顆十二碼罰球就明顯是向告魯夫致敬，這位傳奇名將效力阿賈克斯（Ajax）時期，在一九八二年十二月首創了這種踢法，只不過告魯夫發明的原版是將球傳向左邊，隊友將球傳回後，告魯夫自己再把球送入球門。梅西那天操刀點球時決定依樣畫葫蘆，肯定是想向告魯夫致敬——這位荷蘭名宿一天前才剛在自己的網站上透露他正在與肺癌搏鬥，而且目前暫居上風。幾週後，告魯夫在三月二十四日與世長辭，但我敢說梅西送給他的這記十二碼點球，肯定讓他多呼吸了幾口愉快的氣息。

第九章

二十一世紀

文學與足球兩個領域可說是天差地遠，但仍有一個共同之處——不論是文壇或是足壇，要預測哪些作家或球員將成為未來的領航者，都是一項艱困至極的任務。隨便打開一本詩文選集，翻閱文壇新聲的潛力作品，或去讀幾篇自稱發現納博科夫（Nabokov）、羅多雷達（Rodoreda）或博拉紐（Bolaño）接班人的文章，你會發現通常經過十年之後，起初的期望與熱情都被現實潑了一盆冷水。足壇也是相同風景——每週都有分析家與球探自稱找到了小告魯夫或小馬拉度納，我敢說現在的巴塞青訓隊也有不少家長認為自家孩子將成為下一個哈維、普約爾或巴爾德斯（Valdés）。（但我必須說，至少到目前為止，我從沒聽過誰敢認真說他們發現了「新梅西」，大概是因為他實在強得離譜，不管說哪位球員以後會變得跟他一樣厲害都顯得荒謬無比。不管怎麼說，我們應該時常把畢卡索的妙語放在心上：「模仿我的人有福了，因為他們必繼承我的缺點。」）

我們也心知肚明，所謂文學評論家和足球分析師，大多是透過理論式的觀察養成自己識人的眼光，他們雖潛心研究自己的領域，但很少有能力捲起袖子親自下海，還能繳出傑出的實際表現——頂多只會週末去報隊，踢那種用打赤膊區分敵我的休閒比賽，或偶爾寫一些詩句道賀朋友退休。話雖如此，時不時還是會有超凡卓絕的智者橫空出世，根據他個人的經驗大膽預測，而且句句中的。我心裡想的是偉大的埃雷拉（Helenio Herrera），人稱足壇魔術師、矛盾的神話、更衣室心理學家、現代足球先知。埃雷拉曾在一九七九年接受《體育畫報》（*El Gráfico*）雜誌訪問，記者請他發表看法，描述未來的足球員會具備什麼特色。那時年僅十九歲的馬拉度納在阿根廷青年人（Argentinos Juniors）才剛開始嶄露頭角，什麼獎項都還沒奪下。但早有先見之明的埃雷拉回答：「二十一世紀的足球員會很像馬拉度納。身子矮小，但運動能力非常強，還要具備電腦跟馬拉度納的那種魔法。」儘管他當時還不知道，但他這番話勾勒出的球員形象，完完全全就是後來的梅西。

五年後，義大利作家卡爾維諾在一九八四年獲邀前往哈佛大學演講，他將預計要發表的演說寫成一系列的講稿，沒想到在演講前夕突然過世了。卡爾維諾寫的這些演講稿後來以英文出版，書名定為《給下一輪太平盛世的備忘錄》（*Six Memos for the Next*

Millennium）。卡爾維諾列出了他認為將定義二十一世紀的藝術與文學的五個價值——「輕」、「快」、「準」、「顯」、「繁」，他認為藝術家和文學評論家應該時時將這些概念放在心上。卡爾維諾當時也不知道，其實他提出的這些價值也恰恰適合形容梅西。

「輕」

卡爾維諾挺身捍衛文學的價值，同時也要求文學藝術家展現一系列的特質。梅西雖是足球員，但也以他頂尖球員特有的直覺與感知能力、融合了天賦與經驗，徹徹底底地發揮了這些特質。梅西還小的時候就已輕盈無比，甚至輕過了頭，還須施打生長激素才讓他獲得絕佳的重心位置。不僅如此，隨著年日過去、獲得無數的成功，梅西身體上的輕盈還昇華到了心理層面，甚至可以說達到了心靈層次。卡爾維諾在演講稿中，特別聚焦在柏修斯（Perseus）這位「穿著長出翅膀的涼鞋飛翔」的神話英雄。卡爾維諾受這名英雄的態度啟發，論到文學史上許多營造出這種輕盈靈動之感的作家，包括似乎想「避免我們被事物的沉重壓垮」的羅馬詩人暨哲學家盧克萊修（Lucretius），以及透過筆下角色普洛斯帕羅（Prospero）的口說出：「我們的本質原來也和夢的一般」的莎士比亞。就我看來，梅西輕鬆寫意地在防守球員陣中穿梭遨遊，完全體現出卡爾維諾透過這些文學範例描述的「輕」，他在球場上彷彿凌虛御風、足不點地。梅西時常在足球場上展現他的輕盈靈動，但若硬是要我選出最具代表性的一刻，肯定是二〇〇九年五月二十七日在羅馬舉行的歐冠盃決賽上，對曼聯頂進的那顆進球。當時哈維在曼聯的半場拿到球，抬頭尋找傳球目標，一眼就看見禁區邊上的梅西突然出現在兩名防守者之間的空位。他最後的位置顯示出他在等待哈維傳中，而哈維也立刻反應過來，將球又快又準地吊進禁區。梅西向前奔襲、突然躍起，高度超過身高一八九公分的後衛費迪南（Ferdinand），並且在空中滯留了足夠長的時間，把球頂過身高一九七公分的門將范德薩（van der Sar）。梅西躍起後身體還向後傾，以便找到更好的角度將這記傳中球頂向球門，這記攻門頂得精準至極，皮球恰恰越過門將、破網得分。要不是這顆重若泰山的進球把飄然浮空的梅西拉回現實，他整個人彷彿要像一顆至輕至盈的氦氣球冉冉升天了（進球真是全世界最能將人拉回地球表面的事了）。

「快」

在卡爾維諾筆下，所謂「快」最重要的關鍵在於「物理速度與心理速度之間的關係」。但要達到「快」也需要精通暫停的藝術，知道什麼時候該稍停一下，藉以凸顯速度的效果。卡爾維諾引用了薄伽丘（Boccaccio）《十日談》（*Decameron*）的一則故事，並提出他的觀察：「就算選定了適當的表述風格，仍需有隨時調整的能力，也要能靈活地表達與思考。」梅西的「快」，有時完全是個錯覺，他不是球場上速度最快的球員，也並非跑動距離最長的悍將，但論到隨心所欲地調整速度以達成目標，梅西絕對是首屈一指的大師。除此之外，他也是帶球最迅捷的球員之一，將球傳出去時也絕不拖泥帶水，每次傳球都精準到點、恰到好處。梅西的腦袋運轉飛速、當機立斷，一舉一動都好像出於本能的反射動作，彷彿必然發生的自然現象。這就是為什麼梅西很少呆滯在場上。比如說帶球過人時，如果跨球假動作只做一次就能騙過對手，他絕不做第二次（是的，我這是在諷刺C羅，他過人之前總愛要出一整套華麗浮誇的假動作）。

梅西展現「快」這項特質的實例多不勝數，我最愛的是他在二〇一五年五月三十日的國王盃決賽，對上畢爾包競技（Athletic Bilbao）殺入禁區、勁射破門的那球，絕對有資格登上他生涯最佳進球的排行榜。梅西一嗅到進球契機，掠食者本色盡顯無遺；他的雙腿靈活舞動，或跨、或蹬、或旋、或轉，轉瞬間就閃過三名防守球員的圍堵；他稍停一下，選定殺往球門的路線；一瞥見缺口就迅速將球射向球門、破網得分——一連串的動作絲絲入扣，成就了這顆奇蹟般的世紀入球。

梅西在球場上創造的大作美得不可置信，恍若天外之物，許多球迷把它評為足球史上最精彩的十顆進球之一。《體育》（*Sport*）日刊還從科學的角度分析了梅西的這顆進球——梅西完成整套動作只花了十一點四秒，而且他單槍匹馬殺入敵陣，一共奔襲了五十五公尺。梅西最後的射門也精準至極，皮球不偏不倚地通過唯一可行的路徑、一箭穿心，只要稍微向左或向右偏出一點五毫米，門將可能就有辦法將球撲出，或剛好擊中門柱。

「準」

由此看來，「快」若搭配「準」這項特質，成效尤其斐然。但卡爾維諾談的不是足球飛行的路徑，他在演講稿中所強調的「準」，談的是文學藝術應該展現的價值，藉此「喚起銳利又令人印象深刻的視覺意象」、推崇「盡可能精確的語言」，去對抗流傳世間的「恐怖瘟疫」，而這場瘟疫的病徵即是習於使用隨意、鬆散、思考不周的文字表述。梅西的足球之「精準」，也頗有警惕醒世之效，他替足壇設立了標竿，襯出許多敗壞足球門風的雜質與噪音，比如說那些惡意犯規、拖時間的戰術、假摔、卑劣的防守，以及前鋒球員的自私與自大。梅西從來不在禁區假摔、從來不會想用亂發脾氣這種戲劇化的方式博取好處，也不會用不必要的裝飾美化自己的足球。因此，他討厭那種會胡亂猜測比賽結果的教頭，也不喜歡那種判罰標準混沌不清又獨裁武斷，或那些縱容以至變相鼓勵球員演戲的裁判。

卡爾維諾還在演講稿中引用了瓦雷里（Paul Valéry）對愛倫坡（Edgar Allen Poe）

創作衝動的評論，而這段描述完全可以用來形容足球場上的梅西：「清醒之惡魔、分析之天才，結合邏輯與想像、最新奇、最誘人事物的發明者。」

「顯」

埃雷拉被問到二十一世紀的足球員將具備什麼特色時，曾說他們將具備「電腦般的魔法」。這番話不禁讓我聯想到，人們曾多次形容梅西踢球時彷彿是在玩電動遊戲。以當年人們對電腦的認知，埃雷拉在一九七九年如此形容，大概是指未來的球員將以看似超越人類極限、魔法般的複雜運算能力，去處理球場上接收到的資訊。而在電玩迷眼中，梅西踢球的方式、他在場上左衝右突殺進殺出的節奏與諸多特質都太神奇、太不真實了，彷彿只有在電玩遊戲的虛擬世界中才有可能辦到，一點也不像在現實世界的足球場上真實上演。卡爾維諾將「顯」定義為想像那些不可能的、從未存在過的事物之本領。我們活在一個影像氾濫、甚至淹沒我們的時代，不想看都難。但在傳奇球星庫巴拉（László Kubala）和馬菲斯爵士（Sir Stanley Matthews）踢球的年代，足球員連自己踢進的球都很少看得清楚，更不用說對手的進球了。他們最多只能私自記下進球過程，日後再藉助報紙上的文章和相片，喚醒那一刻的記憶。觀戰的球迷也一樣，如果你沒有親自進場看球，就只能靠自己想像場上球員踢球的英姿了。球迷通常會藉助收音機上的球賽轉播或隔天早報的報導和相片，除此之外可能也別無他法。

今天的世界則完全相反。我們可以觀看現場直播，還能透過慢動作重播，從各個角度重複播放比賽中的精彩動作，同時還有球評專家在旁講評。如果還不過癮，隔天早上還能上網再訪那些動作，拿來與過往賽場上的精彩時刻相互比較、深入分析。其實足球員自己也經常這樣做——所謂有創造力的球員，踢出的進球、使出的招式通常也不是憑空想像出來的，而是來自重複觀看、研究過往的影片。其實只要稍加觀察在街頭上或學校操場踢球的小朋友，不難看出這個現象——他們帶球過人時總想模仿小羅納度的招式、進球後會以阿爾維斯的森巴舞步慶祝，還會留一頭跟內馬爾一模一樣的髮型。運籌帷幄的各隊教頭更是如此，畢竟他們得擬出策略、制定戰術，絞盡腦汁預測那些本質上不可預測的事……

卡爾維諾也指出視覺化的想像必須依從某種秩序才被賦予意義（從文學敘事的角度來看就是行文的風格），而這種秩序是「一個理性推論和語言表達都在其中施展邏輯的網」。若以足球的語言來說，這表示在球場上發明創造、找到解決辦法的能力，也必須受制於實際的考量。任何稍有常識的球員，都不會停在自家禁區做一些華麗的假動作，也不會在可以輕鬆將球頂入球門時，冒險使出一記高難度的倒掛金鉤（這比在禁區做假動作更誇張了）。

直接自由球就是個很好的例子，反映出這種目的性。梅西的職業生涯中，一共為巴塞隆納和阿根廷國家隊射進了四十三顆直接自由球（截至二〇一九年四月）。這些進球大多是瞄準右上方死角、從守門員左側射入球門，只有兩次是突出奇招，讓皮球貼著地面從躍起的人牆下方穿過。梅西第一次使出這招巧計，是在阿根廷對上烏拉圭的世界盃資格賽場上。他一將球射入對方大門，這種射法在我們腦中彷彿立刻就成為當時最佳、甚至是唯一的選項。第二次是二〇一八年二月二十四日的西甲賽事，巴塞在諾坎普球場迎戰來訪的赫羅納（Girona），當時赫羅納還未從西甲降級。梅西在這一役操刀自由球時，採取了一樣的巧計，成功破網得分。我們這些巴塞球迷一看到這顆進球，立刻就會想起小羅納度在他的黃金年代也射進過一模一樣的自由球。由此可見，梅西真是一名善於重新詮釋、再度演繹足壇經典的球員。除此之外，現在每當巴塞隆納獲得自由球機會，對方門將都得顧忌皮球有沒有可能冷不防從人牆底下竄出，而組成人牆的球員也必須問自己——我該怎麼辦？要跳還是不跳？

「緊」

就連梅西沒有披甲上陣、沒有在球場上踢球時，他仍在替巴塞隆納戰鬥。他坐在場下當然不像在場上殺進殺出那般有主宰力，但不管怎麼樣，他都能用某種方式影響比賽。教練很少會讓梅西坐在板凳席，但就算出現這種罕見的情況，對手球員也會不斷用眼角餘光偷瞄在場邊待命的他，深怕他上場的那一刻終將來臨。這種備受梅西威脅的壓迫感，某種程度上來說會影響對手的表現——可能會讓他們踢得太著急，想趁梅西還沒上場前趕緊決定比賽走向；也可能會讓他們踢得太被動，擔心喚醒沉睡的獅子因而抑制進攻慾望。梅西不在場上時，巴塞的隊友也會踢得不一樣。儘管球隊仍有十一人在場上作戰，但大家都會明顯感受到，比賽踢起來彷彿只有十人應戰，因為身披十號的那傢伙實在無可取代。但踢了一陣子後，梅西的缺席反而會刺激大家發憤圖強，為球隊帶來另類優勢。隊友持球時總會先抬頭尋找梅西的身影，就算發現他不在場上，仍會期待他像變魔術般突然現身——因為梅西不論是在場上場下，永遠都與他們同在——於是隊友只好奮發向上，盡量填補他留下來的空缺。

梅西缺席時仍然臨在，他的這種特性展現了「繁」的價值。卡爾維諾挑選了同為阿根廷人的波赫士（Jorge Luis Borges），以他的作品解釋「繁」的特性。他提及：「波赫士創作的故事，短短數頁間就可以濃縮各種可能性織成的網絡。」卡爾維諾對文學故事的評論也可以應用在足球的世界。每次掌握球權時，隊上每個球員的動作之集合，就好像將各種可能性濃縮在書頁間的故事。卡爾維諾在講稿中還提到：「相反地，人們最愛的作品都是由繁多的詮釋方式、思想模式、表現風格相互碰撞與匯流而成的結果。」從梅西這名球員身上，我們可以看到他做出的每一個動作都蘊藏繁多的可能性、可以炸裂成一千種不同的色彩，同時又將足球的本質、球場上必須做好的每一個細節都濃縮於一身。如果詢問球迷梅西踢球都怎麼個踢法，你會聽到各式各樣的回答。最精準的說法是：「各種方法！」梅西在里卡德麾下以右邊鋒初次亮相，瓜迪歐拉執教時期則打偽九號（false 9），他踢過各種不同的位置，中場、前場球員的角色都難不倒他。而且梅西必要時也會奔回自己的半場防守，奪回球權後又成為最前線的箭頭，向前推進殺向對方球門。梅西的足跡遍布整個球場，時而得分、時而助攻，精心組織、策動各種動作與傳球。他在很早以前就學會，他不需要靠自己完成開賽到終場的每一個動作，相反地，他明白每一記傳球、隊友每次跑出的路線，都創造了全新的可能性。未來的希望盡在這種「繁」的價值中了，因為梅西總能找到讓自己發揮最大效力的方式。時光荏苒，梅西掛靴的日子步步逼近，但即便他日後在門前的主宰力不如以往、因此逐漸退出禁區，我仍確信梅西總能找到辦法，繼續發出耀眼光芒。

第十章

阿根廷之王

「馬拉度納偶爾是馬拉度納。梅西天天都是馬拉度納。」

——塞古羅拉（Santiago Segurola）

一九八六年六月二十九日，墨西哥世界盃決賽，阿根廷國家隊第二度捧起大力神盃。假如梅西的故事是由狄更斯那種下筆草率、酷愛巧合的小說家撰寫，他肯定會竄改梅西的出生日期，設定為阿根廷奪冠那天剛好九個月之後——那個歡樂午後的歡樂結晶。但事實上，梅西是在一九八七年六月二十四日出生的，幾乎隔了整整一年。不管怎麼說，我們都知道這位緊張兮兮、身材瘦弱的小子在什麼環境中長大。馬拉度納在梅西的祖國阿根廷，是所有媒體爭相報導的超級巨星，他的名號在阿根廷無人不知、無人不曉，舉國上下的人民無不認同支持他。當時阿根廷才剛重返民主，政治局勢動盪不安。軍事獨裁時期結束後，民選總統阿方辛（Raúl Alfonsín）上任執政，但他穩定社會、恢復和諧的嘗試，在人民要求軍方為先前犯下的罪行付出代價的聲浪之下，逐漸出現瓦解的跡象。政府還通過了特赦法，試圖替那些在獨裁時期犯下罪行的人減輕刑責，局勢可謂劍拔弩張。人權團體「五月廣場的母親」(Madres de la Plaza de Mayo)持續示威抗議，要求政府還給那些被消失的人民公道。英國歌手史汀(Sting)唱出一曲〈她們獨自跳舞〉(They Dance Alone)，邀請那些五月廣場母親蒞臨他的演唱會，讓所有人聽見她們不眠不休的拚搏奮鬥。

馬拉度納那時正身披拿坡里戰袍征戰義甲，是一顆遠在他鄉的明星。墨西哥世界盃結束隔年，他率隊拿下義甲冠軍、助球隊獲得繡上scudetto小盾牌徽章的殊榮，同年也捧起了義大利盃。馬拉度納那年的聲望如日中天，許多球迷已經認定他是世界上最強的足球員了。梅西在羅薩里奧長大的那些年，馬拉度納又一次率領拿坡里在義甲稱王；他領軍的阿根廷國家隊在一九九〇年義大利世界盃過關斬將，最後卻輸掉了決賽；幾個月後，他的藥檢首次出現陽性反應。馬拉度納遭判禁賽十五個月，這段時間連一場正式比賽都不能踢。一九九二年，他受塞維亞(Sevilla)教頭畢拉多(Carlos Bilardo)招募，前去西班牙踢了一個賽季。那時的他髮長及肩，從第一場比賽就別起隊長臂章、率隊衝鋒陷陣。他奔跑的速度沒以前快了，但像天使一樣傳出一記又一記的助攻，更不用說也樂於射門得分。在西班牙的賽季結束後，年近三十三歲的馬拉度納狀態開始走下坡。但他知道他還有最後一搏的機會，希望征戰一九九四年的美國世界盃，於是決定回阿根廷踢球。

以他的實力與名望，國內各隊當然都巴不得簽下這位超級巨星，他可以任意挑選屬意的球隊，而他最終選擇的正是羅薩里奧的紐維爾舊生隊。馬拉度納在紐維爾舊生隊的首戰，是一九九三年十月七日對上厄瓜多球隊艾美歷克（Emelec）的友誼賽。他在這場比賽中漂亮破網，助球隊以一比〇獲勝。這時的他剪了頭髮，體態也看起來更好了。當晚一共有四萬名觀眾湧進球場恭迎他蒞臨，他射進那球後，還有好幾位球迷衝上場幫他慶祝。那天晚上，六歲的梅西跟他父親也在觀戰的球迷之中。這個年紀的小孩都嫌球賽無聊，梅西大概也不例外，可能還看到昏昏欲睡。但他肯定也被球場上這位個性鮮明的角色給迷住了，倘若梅西的傳記是由那種喜歡見縫插針、借題發揮的小說家撰寫，梅西此時肯定早已衝到場上，一把抱住這位阿根廷國民偶像了。

馬拉度納回到祖國阿根廷踢球，羅薩里奧可說是不二選擇。他躲開了布宜諾斯艾利斯（Buenos Aires）壓力鍋般的氛圍，同時又能在一個足球歷史悠久、球隊聲譽卓絕的城市踢球。羅薩里奧共有兩大球會，一支就是紐維爾舊生隊，另一支是羅薩里奧中央（Rosario Central），兩隊之間的世仇對決是這座城市的重頭戲。紐維爾舊生隊的球迷向來被稱為「痲瘋病患」，球迷卻引以為傲。這個乍聽之下不堪入耳的綽號有其典故——羅薩里奧的兩支世仇在一九二〇年代，曾約好替痲瘋病協會踢一場慈善賽。結果羅薩里奧中央隊臨陣退縮，或許是受某種荒謬的衛生觀念誤導吧。從此以後，紐維爾舊生隊的球迷就賞給了這支世仇「豬頭」的稱號，中央隊球迷則以「痲瘋病患」回敬對方。

不曉得梅西當初去看馬拉度納那場比賽時，是不是披著「痲瘋病患」的紅黑球衣，梅西一家都是紐維爾舊生隊的球迷，只有哥哥馬提亞斯支持羅薩里奧中央隊。梅西的父親在他才一歲時，就送了他人生第一件球衣。如果你想瞭解更多關於梅西童年的細節，可以參閱巴拉格（Guillem Balagué）那本傑出的梅西傳記（Orion Books, 2013）。比如說梅西小時候的住址：以色列大街（Calle Estado de Israel）五二五號。梅西出生時父母的年紀：荷黑．梅西（Jorge Messi）二十九歲；西莉亞．庫奇蒂尼（Celia Cuccittini）二十七歲。在學校教他的老師叫什麼名字、他八歲時數學跟語文程度如何、他什麼時候開始認真踢足球……

馬拉度納跟「痲瘋病患」的風流韻事最終沒能持續太久——他一共只踢了五場正式比賽，而且連一球都沒射進。馬拉度納就這樣以受傷為藉口逕自離隊了，然後在不隸屬任何球隊的狀況下，備戰當年即將舉行的一九九四年美國世界盃，準備在夏天回歸國家隊陣容。後來的發展我們都知道了——他在世界盃期間藥檢又呈陽性反應。

同年三月二十一日，距離馬拉度納最後一次替紐維爾舊生隊效力才過了兩個月，同一個球會就簽下了梅西，成為梅西球員生涯的起點。世人不禁想像，倘若馬拉度納當年留在羅薩里奧，他和梅西兩人又會擦出什麼樣的火花？要是有一天，他練完球剛好聽見別人談起那位球技超凡、無人可比的小矮子，馬拉度納這位足球場上的上帝，說不定會犧牲自己的二十分鐘，走去球隊的青年訓練場地為這名少年賜下恩澤。可能發生的狀況不可勝數，但我的直覺是如果馬拉度納真的見到了梅西，全世界的球迷都會損失慘重，尤其是梅西本人，但繼續往下探討就沒什麼意思了，因為我會開始往最壞的情況想——說不定如此一來我們就看不到梅西披上巴塞隆納球衣，在諾坎普球場大殺四方了。

第十一章

動力學

「全世界只有梅西球在腳下的時候跑得比沒球還快。」

——瓜迪歐拉

如果梅西出生在巴西，身材嬌小的他一定會有梅西尼奧、小小梅西之類的暱稱。相較之下，阿根廷到現在都還有記者用「跳蚤」（La Pulga）稱呼梅西，這是他在第一個球會——紐維爾舊生隊獲得的綽號。梅西在二〇〇〇年九月十七日來到巴塞隆納，第一次參加球隊試訓時，十三歲的他連一米五都不到（一四八公分）。梅西本人曾在二〇〇四年參加一家阿根廷電視台的訪談節目，他說自己的「荷爾蒙（生長激素）睡著了」，後來是因為巴塞隆納願意負擔生長激素療程的費用，梅西才得以在五年內長到一六九公分，體重也來到六十七公斤。又過了三年，二十一歲的梅西長到了一七〇公分，一直持續到今日。而這或許是足球員最理想的身高，尤其是控球精巧細膩的邊鋒或中場球員。這個身高實在太剛好，簡直像是巴塞刻意讓梅西長到這個完美高度，然後就此停手，不再給他施打生長激素了。

偶爾會有些不知從哪冒出來的科學家，花了好大一番工夫，援引各種數據試圖證明我們早已心知肚明的事實——梅西是世界最強、舉世無雙。但我們也不得不承認，那些詳盡的數據和科學理論確實讓這個不爭的事實更具說服力。在這個由高大強壯的球員統治球場的時代，梅西可說是生物力學的奇蹟，將他重心較低的優勢發揮得淋漓盡致。極限運動員兼運動作家埃德利（Ross Edgely），在體育網站Bleacher Report撰寫了一篇文章分析這點，他在文章中引述《英國運動醫學雜誌》（*British Journal of Sports Medicine*）的研究：「按我們對運動科學的理解，頂尖的運動表現是由後天訓練與先天遺傳的雙重因素決定。」這番話其實就是天賦與訓練孰輕孰重的萬年爭論，倘若遺傳上的條件有所不足，持之以恆、孜孜不倦的訓練也能彌補先天的缺陷——幼年梅西就是最好的例子。比如說，梅西出神入化的盤帶技巧，就要歸功於他年幼時為了克服身材劣勢所做的無數訓練。埃德利進一步解釋：「奔跑時步幅較短、重心較低的球員，可以瞬間減速、快速改變運動方向，然後再瞬間加速。」巴西神鋒加林查（Garrincha）也是個很好的例子，綽號「小雀鳥」的他，盤帶技術在足球史上可說是名列前茅。驚人的是加林查出生時其實有長短腳、雙腿彎曲的身體缺陷，但經過持之以恆的艱苦訓練，他最終克服缺陷，成為球技超群的一代巨星。

這樣看來，身高約莫一七〇公分的梅西，躋身一群超強球星之列，在盤帶和控球這兩個領域冠絕足壇、稱霸四方。而其中一個原因，正是他們離球比較近。以下幾個例子足以證明這點——馬拉度納身高一六五公分；羅馬里奧和查加洛（Zagallo）身高一六七公分；哈維一六八公分高；傳奇球星加林查一六九公分，桑切斯、佩德羅也跟他一樣；斯特林（Raheem Sterling）跟阿爾巴一七〇公分；伊涅斯塔一七一公分。再高就不好了，至少以西班牙足球的標準來說是如此，這裡的球風不利於更高的球員。告魯夫曾在與巴爾達諾對談時，盛讚梅西獨有的特質，並指出梅西若要能當機立斷決定什麼時候盤帶過人、什麼時候甩脫防守者，身邊就必須有擅長一腳傳球的隊友跟他搭配，比如說伊涅斯塔和哈維。「而且，」告魯夫指出，「他還有一項巨大的優勢，就是他可以跟這些隊友對上眼，因為他們都差不多高。這些細節其實影響很大。」

當然，身高不是一切，球員還需要出奇敏銳的直覺，才能正確啟動身體，隨心所欲地激發想要的動力學。梅西登峰造極的殺招之一，就是他能瞬間從運動狀態中剎車急停。同樣地，他就算把球控在腳下時也能瞬間加速，或以領先其他球員百分之一秒的速度識破防守者的下一步（可能是從對方踏出的一步、雙腳擺放的位置判斷），往往讓梅西在對決中取得關鍵優勢。他也知道如何在出招時控制節奏，在動作中穿插瞬間的停滯，半秒都不到，就讓他主宰了情勢。梅西彷彿能將時間凍結，彷彿能重置他的動作以奪得先機。

在音樂的世界中，最商業導向的製作人無不拚命追求他們所謂的「甜蜜音」。這「甜蜜音」就是決定一首流行歌曲能否一炮而紅、風靡國際的關鍵。有時要唱得高一點、有時音要拉長一點，才會唱到點上，達到關鍵的「甜蜜音」；有時甚至是無聲的暫停，暫時勒住奔騰的旋律。如此就能營造出讓世人畢生難忘的時刻，每次聽到這首歌，都會屏氣等候這甜蜜的一刻。最著名的例子大概是惠妮・休斯頓（Whitney Houston）的〈我會永遠愛你〉（I Will Always Love You）。這首歌的「甜蜜音」出現在第三分十秒──旋律靜止片刻，然後鼓聲一下，歌聲接著飆出：「And aaaayyaaaay……」喬治・

麥克（George Michael）在他的歌〈信念〉（Faith）中，也一樣用無聲的暫停營造了甜蜜音。每當我看到梅西虛晃一招、身體向前衝出又嘎然止步（幾乎在草地上滑行了半秒），有時就會聯想到上述的音樂手法——停滯片刻以迷惑對手、取得優勢。

總體來說，梅西是西甲最具影響力的球員，但最常倒地或說最常被防守者侵犯的球員卻不是他。二〇一六—二〇一七賽季，內馬爾是被犯規次數最多的球員，一共被侵犯了一百二十六次，梅西在這個受害者名單上僅僅排名第十，被對手犯規七十九次。事實上，這恰恰證明了要阻擋梅西難如登天，不論是否祭出犯規手段都攔不下他。每當我重溫梅西在活球狀態的開放戰中取得的進球，常會有種感覺，好像防守球員都會自行閃避、為他讓道，彷彿一見到梅西帶著球殺過來就嚇得魂飛魄散，或只想站在一邊欣賞他接下來的演出。這當然只是個錯覺。此刻我腦中浮現了一顆精彩進球，那時巴塞隆納在歐冠盃四強戰強碰拜仁慕尼黑，這顆進球讓比數來到二比〇——就是梅西戲耍博阿滕（Boateng）的那球。梅西迅速向前推進，在拜仁禁區外接獲傳球後直接殺向球門。那時防守他的是博阿滕，他刻意放空梅西的右側，因為他知道梅西的右腳比較弱（或說沒左腳那麼神）。於是梅西佯裝向左切入，讓博阿滕猶豫了一下，然後冷不防帶球往右一切，把博阿滕整個人晃倒在地。高大笨重的博阿滕完全經不住梅西這樣瞬間的一扭，只能像個滑稽的小丑般摔在地上，動作誇張到彷彿是刻意演出的鬧劇。此時梅西面前已無人防守，拜仁門神諾伊爾（Neuer）只得出門迎戰，結果梅西以一記精巧細膩的挑射擊敗門將、破網得分。博阿滕的這樁慘案，讓我想起無數防守者都經歷過相同的遭遇，被梅西那雙靈動的雙腳摧殘折磨。就算是實力堅強的防守悍將，也只能眼睜睜看著梅西對他們使出迅速變換重心的殺招而束手無策——他的身高宰制了攻防之間的對決。

我說過就連要對梅西犯規都是一項艱鉅無比的任務，但這不代表防守者不會拚命嘗試。防守球員如果還沒像可憐的博阿滕一樣被耍到撲倒在地，就會無所不用其極地用身體去撞、伸手去推，或在身後拉扯他的球衣，想盡辦法讓他失去平衡。儘管如此，梅西永遠都會爬起身來、永遠都會奮力向前、永遠不會放棄任何攻擊的機會。二〇一二年時，當時居住在巴塞隆納的阿根廷作家卡夏里（Hernán Casciari）寫了一篇文章，一時聲名鵲起。那是一篇既聳動又美麗動人的文章，標題叫做〈梅西是隻狗〉（*Messi is a dog*）。卡夏里看了一部叫《梅西絕不假摔》（*Messi never dives*）的影片後，就在《Orsai》雜誌上刊出了這篇文章。這部影片匯集了許多小片段，影片中梅西不斷受到防守球員招呼，他們或撞、或踩、或絆，用盡各種手段犯規，傾盡全力只想擋下他。但梅西每次倒地都會起身再戰，繼續奮力向前衝，從未發過一句怨言。卡夏里寫道：「梅西的雙眼永遠死死地盯著皮球，他從不分心去管足球應該是怎麼回事，也完全不理會場邊的瑣事。」他彷彿「著了魔、被催眠了」，心中只有一個目標，就是把球帶進對方的球門中。卡夏里說梅西的這種態度，不禁讓他想起小時候養的狗托丁（Totín）。托丁總會張嘴咬住牠最愛的海綿，死都不鬆口，眼裡除了那塊海綿什麼都看不上眼。「梅西是隻狗。」卡夏里繼續寫道，「梅西是個病人。這種罕見疾病讓我心動不已、痛哭流涕，因為我好愛托丁，而梅西他真的是世界上碩果僅存的狗人了。」把梅西比作一隻狗確實有點稀奇古怪，對梅西似乎有點不敬，但這篇文章仍點出了一個事實——梅西那種純粹、獸性般的直覺，經常驅使他在球場上東奔西跑、殺進殺出。

第十二章

馬拉度納

我有時候會想，馬拉度納究竟是什麼時候意識到梅西比自己厲害的，又或者他到底是否這樣認為（嗯，我知道，我這是踏入深不見底的論戰渾水中，但我仍會抬頭挺胸地一腳踩進去）。是不是巴塞隆納對上赫塔菲（Getafe）時，梅西千里走單騎、踢進的那顆「馬拉度納式」進球那天？當時梅西年僅十九歲，就展現出沙場老將的王者氣魄，無意間就重現了馬拉度納二十五歲時，對英格蘭踢進的世紀入球。梅西彷彿在向馬拉度納宣告：我已經踢出了你的生涯最佳進球，我背負的壓力從此一掃而空！

但馬拉度納可不甘示弱，完全相反。儘管梅西曾拿下更多冠軍獎盃、破過更多記錄，但梅西沒能帶領祖國阿根廷稱霸世足賽、登上世界之巔。這正是馬拉度納足球生涯中最璀璨耀眼的榮耀，也是舉世球員心馳神往的無上成就，而馬拉度納也唯恐世人沒注意到這點。這些年來，未能捧起大力神盃的遺憾（別忘了他還有機會），已化為刻滿悲痛憂傷的紀念碑，重重壓在梅西和他家人身上。而馬拉度納本人批評梅西也一向不落人後。阿根廷國家隊有一陣子遭逢低潮、墜入谷底，由「首腦」（el Coco）巴西萊（Basile）執教的阿根廷，在南美洲資格賽中苦苦掙扎，到底能否進軍二〇一〇年世界盃還在未定之天。亟欲擺脫窘境的阿根廷對上祕魯時，仍踢出了一場毫無亮點、百無聊賴的和局，賽後馬拉度納在一家體育台上刻薄抨擊：「梅西有時候只會在那邊踢他自己的，他自己就是梅西隊。」多麼惡毒的嘲諷啊！

如果你問阿根廷人梅西與馬拉度納孰強孰弱，大多數人都會說兩人都超凡絕倫、無從比較，但話一說完立刻就會比較給你聽，幾乎是情不自禁、身不由己。「梅西是一張海報，馬拉度納是一支旗子。」艾施（Hugo Asch）如此評論。阿根廷作家普隆（Patricio Pron）則在《Jot Down》雜誌上寫道：「要比較他們兩人，是一項不可能又不討喜的任務。」尤其考量到阿根廷的社會歷史脈絡，因此他嘗試從另一個角度切入：「我們阿根廷人喜歡馬拉度納，是因為他缺乏節制、會不小心捅出婁子、會犯錯跌倒，在他身上我們看見自己的倒影，反映出我們想要相信的事——一個人擁有絕佳天賦，將導致自身的殞落，所以我們也就沒必要付出這麼多努力。」另一位作家桑伽利（Eduardo Sacheri）也認為兩人無從比較，他簡單明瞭地點評：馬拉度納是「已完成的作品」，而梅西這件大作「尚在進行中」。誰知道他還有多少料能呈現在世人面前？桑伽利更是一針見血地剖析：「我們阿根廷人忘不了馬拉度納不是梅西的錯。阿根廷人還無法跟過去道別，還在為馬拉度納哀悼，哀悼他的退休、哀悼他的離去、為他再也不會重返球場這個不爭的事實捶胸頓足。」

桑伽利筆下這種說什麼都無法跟過去道別的心態，說不定跟梅西有關，甚至對馬拉度納本人來說也是如此。很多人說梅西和馬拉度納雙方都曾付出努力，試圖跟對方建立良好情誼。多年下來，他們可能也真的建立了可以放下心防、輕鬆相處的友誼，但這段關係肯定被馬拉度納那種自以為無所不知的傲氣，以及他堅持施捨別人建議的習性戳得千瘡百孔。

不管怎麼說，兩人的關係有很重要的一段——馬拉度納在二〇〇八年十月銜命上任，執掌阿根廷國家隊兵符，劍指二〇一〇年世界盃冠軍。馬拉度納深知自己非仰賴梅西不可，於是詢問他希望在場上如何作戰、希望跟哪些隊友搭配，並且採納了他的意見。馬拉度納也任命梅西擔任隊長，而不是將此要務指派給維隆（Verón）這名沙場老將（馬拉度納自己當球員時可能很喜歡當隊長統領全軍，但梅西或許還沒準備好扛起這個重責大任）。馬拉度納也將十號背號給了梅西，這個計策還算聰明，也極具象徵意義——十號是馬拉度納本人的背號，而接續他繼承這個背號的球星還有「驢仔」奧迪加（*Burrito* Ortega）、德亞歷山德羅（Andrés D'Alessandro）、艾馬爾（Pablo Aimar）、里克爾梅（Juan Román Riquelme），當然還有維隆。給梅西披上十號戰袍的意義再明顯不過，馬斯切拉諾（Javier Mascherano）在一場訪談中，曾語調輕鬆地透露了馬拉度納當時將梅西視為自身的投射。綽號「小頭目」（el Jefecito）的馬斯切拉諾如此形容：「就好像馬拉度納瞬間年輕了三十歲！」這讓我想起伍迪．艾倫（Woody Allen）近期的電影，他在劇中請演員扮演的角色，其實仔細深究都能看見他自己的影子。

儘管必要的材料都備齊了，這支球隊仍舊沒能炒出一盤好菜。梅西總覺格格不入，無法跟他國家隊的隊友擦出火花。在瓜迪歐拉執教的巴塞隆納，梅西得以展現自己最好的一面，勝任組織核心的要務，且在場上的移動不受限，享有完全的自由。馬拉度納搔破了頭，試圖在國家隊陣中找到阿根廷版的哈維、伊涅斯塔、布斯克茲來支援梅西，卻只能無功而返。從數據面來看，在馬拉度納麾下作戰時，梅西出賽十六場比賽僅僅踢進三球，簡直少得可憐。整個南非世界盃戰事，梅西連得分的一絲機會都嗅不到；阿根廷也在八強戰以四比〇慘遭德國大軍屠殺、淘汰出局。南非世界盃冠軍最終由西班牙奪得，我不禁猜想，梅西是否曾後悔他多年前在巴塞隆納所做的決定。梅西十七歲時，西班牙足協曾想歸化這名潛力無窮的少年，積極招募他帶槍來投有「小紅軍」（Rojita）之稱的西班牙U17國家隊，與法布雷加斯（Cesc Fàbregas）與席爾瓦（David Silva）等一眾戰將並肩作戰。但梅西最後仍選擇效忠祖國阿根廷。

第十三章

漫步草場上

世上沒幾個球員像梅西那麼會在場上走路的。有些球員比他能跑、有些比較靈敏、有些跨著大步能涵蓋更大的範圍，但梅西在場上走路的方式無人能比。足球皇帝碧根鮑華（Beckenbauer）穿過防守球員的樣子，彷彿在自家花園散步——只有他可以自由進入，閒雜人等敬請止步。「魔術師」岡薩雷斯（Mágico González）持球時總會出招迷惑對手，無球走動時則像個漫不經心、無憂無慮的漫遊者在對方陣中閒逛。伊布拉希莫維奇走路時，渾身散發出長腳鳥類般的威嚴，像一隻自知受人欽仰的紅鶴。梅西就不是這樣，他走路時活像在找掉在地上的鑰匙。他好像總是盯著地上，移動範圍只限定在一個小區域，有時會讓你覺得他好像在估算自己離防守球員多遠，尋思靠近一點會不會比較好。神經比較緊繃一點的守門員，在禁區前前後後地來回走動，整場比賽下來累積的移動距離可能都超過梅西。要是其他球員，我應該會想請他多跑一點，但梅西就是梅西，我們都很清楚不必多說什麼，因為他總是全心投入比賽，從不失焦，也知道怎麼以最有經濟效益的方式分配他的精神與體力。

奇怪的是，巴塞球迷只有在球隊狀態不佳時，才會質疑梅西在場上走動的方式。

「塔塔」馬蒂諾（*Tata* Martino）執教的那年，也就是二〇一三—二〇一四賽季，梅西在場上走動的比例登上新高峰。我們巴塞球迷見狀就說：「他在留力備戰世界盃。」彷彿想替他在場上漫步的狀況找藉口。

我曾在二〇一三年十月，瓜迪歐拉執教拜仁慕尼黑的第一年，前往他在塞貝納大街（Sabenerstrasse）上的基地拜訪他。瓜迪歐拉帶我參觀了球隊的訓練場地還有那些超先進的設施，還邀請我到他那間活像太空艙的辦公室喝杯咖啡。那天下午瓜迪歐拉正好在為當週的歐冠盃賽事備戰，對手是捷克的比爾森勝利（Viktoria Pizen）。他在電腦上播放比爾森勝利的比賽影片，研究他們在捷克本國聯賽最近的一場比賽，他讓我看了看螢幕，而我很快就發現螢幕上的畫面有些非比尋常的地方。他馬上就替我解惑了——他的助手團隊拍攝對手的比賽時，是用一個固定鏡頭把整個球場都拍下來。這是因為比起專注在單一球員的個人動作，他更希望宏觀、全面地觀察對手球隊的整體移動、研究他們如何前後進退、會壓迫哪些區域，還有每位球員自然的流動模式。執筆的此刻想起瓜迪歐拉這種觀察方式，我不禁自問，如果想透過這種固定的視角觀賞一場巴塞的比賽（其實就是坐在球場制高點看球的視角），我會想怎麼看呢？答案是我會想單單專注在梅西身上，看他毫不間斷地走來走去，看似渾然不察周遭動靜。我會目不轉睛地盯著他，觀察他的動作跟反應——他總好像漫無目的地隨意亂走，左晃晃右逛逛的，但一眨眼就會像觸電一樣瞬間啟動，可能是急衝向前追上一記傳球，或是擺出一整套奪命連環招的起手式，隨時都能左右戰局。

巴塞在國王盃對上赫塔菲那場聞名全球的比賽（就是梅西射進那顆馬拉度納式進球的那場），就是個很好的例子。將這場球賽從頭看到尾令人賞心悅目，特別會引頸期盼第二十九分鐘的到來。那種感覺就好像重看一部你最愛的電影，比如說艾德華（Blake Edwards）拍的《狂歡宴》（*The Party*），然後期待著謝勒（Peter Sellers）的鞋掉進游泳池的那一幕。就算你早已看過無數次了，劇情台詞滾瓜爛熟，但再看一次還是讓你加倍享受。話說回來，對赫塔菲的那場比賽第二十九分鐘，梅西身處球場最右側靠近中線的位置。幾分鐘前，他才在一次回防中將球踢出底線，此時正在恢復體力。他遠遠地關注皮球的走向、觀察場上動靜，向前走四步、向後退兩步；然後再向前三步、橫走一步、後退兩步。他抬頭看到球往自己的方向過來，身體立刻緊繃起來；看到隊友掉球後，身體又放鬆了，繼續緩緩漫步。突然間，哈維拿到球並朝他的方向推進，梅西馬上挺起胸來，他臉上的表情彷彿在說：「我在這裡！」儘管哈維早就了然於胸。梅西靜靜等待，接到球後立刻做出第一個假動作晃過防守球員，然後就是一連串行雲流水的帶球、過人、帶球、過人，十二秒過後——僅僅十二秒——全場陷入瘋狂。

我還想嘗試另一種看球方式，跟瓜迪歐拉那種固定視角相反——把鏡頭聚焦在單一球員身上，全程跟著他在場上移動。錄像藝術家戈登（Douglas Gordon）和帕雷諾（Philippe Parreno）共同創作的《二十一世紀風雲——席丹．記錄．足球》（*Zidane: A 21st Century Portrait*）在二〇〇六年推出，這部介於紀錄片和藝術作品之間的影片，記錄了席丹（Zinedine Zidane）的一整場比賽，鏡頭全程緊跟著這位法國球星的腳步，鉅細靡遺地捕捉了他在場上的一舉一動。二〇〇五年四月二十三日，兩位藝術家挑了一場皇家馬德里對上比亞雷亞爾（Villareal FC）的比賽，在皇馬主場聖地牙哥伯納烏球場（Santiago Bernabeu）架設了十七台同步連線的攝影機，全場追著席丹拍攝。整部影片有近距離特寫、有長鏡頭遠拍，拍大汗淋漓的席丹帶球、奔跑、交談、要球，每一台攝影機都聚焦在席丹一個人身上。影片的背景聽得見球迷噪轟轟的歡呼叫囂，時而傳出蘇格蘭魔怪樂團（Mogwai）的音樂。這些從不同角度拍攝的畫面，全方位地探究了席丹這名球員，不僅捕捉他的外在表現，更深入剖析了他的內心，替二十世紀最後一名偉大球員畫出了一幅細緻的肖像畫。比賽接近尾聲時，席丹與對手發生爭執，結果出手攻擊對方球員被判罰離場。這部影片就連這個細節，都向觀眾傳達出足球總是難以預料的本質。

每當我看到梅西在場上游走，上演那些只有他能辦到的奇蹟，我都覺得他也該獲得席丹那種待遇，應該要有人為他量身打造詳盡的影像紀錄。梅西絕對堪稱行動的藝術品，肯定是——也一直都會是——二十一世紀最偉大的球員。想像一下，所有鏡頭在一場比賽中緊緊跟隨他的步伐，試圖揣摩他那不可思議、令人費解的天才。我們可能永遠無從得知他踢球時腦中在想些什麼，但至少會稍稍靠近一點。

第十四章

小羅納度

二〇〇四年七月底，絕世好運在這仲夏時分悄然降臨——《國家報》（*El País*）派我擔任隨隊記者，近距離報導巴塞隆納的亞洲巡迴表演賽。其實我獲得這個大好機會也不是全憑我個人的當頭鴻運，還得拜時局機運之賜，因為巴塞隆納這趟亞洲之旅正好與雅典奧運撞期，大多數的體育記者都前往雅典報導奧運賽事了，再加上一位同事在出發前一刻摔斷了腿，於是《國家報》首席足球記者貝薩（Ramon Besa）在一個星期四下午打電話給我，將這份讓我垂涎三尺的任務指派給我，並要我即刻前往中國大使館申請簽證，因為我們星期一早上就要出發了。這趟造訪首爾、東京和上海的旅程，是巴塞隆納最早期的亞洲巡迴表演賽，目的是為了開發他們所謂的新興市場。我們隨隊記者大概有十幾個人，跟著巴塞球員、技術人員、幾名球隊總監，還有大概五十名左右的球迷一起包機飛往亞洲。那些球迷可是付了鉅款才得以隨隊出行。

這麼多年過去了，我還是覺得萬分榮幸，得以近距離跟球員相處、體驗這個我前所未知的世界、認識一群敬業的記者同行。這些記者朋友緊緊跟著球隊，孜孜不倦地記錄旅程中發生的大小事，任何一點細節都不放過。（我還在一個假貨市場買了一支勞力士手錶，到現在還留著。說來話長，有機會再聊吧！）《國家報》請我報導巴塞排定要踢的三場球賽，剩下的時間就去探索我們造訪的三座城市，在街頭上尋覓所謂「足球全球化」的跡象並撰寫相關報導——那陣子足壇一直在宣傳這個現象。比如說，我會描述日本球迷如何大排長龍跟小羅納度要簽名、形容首爾地鐵如何貼滿了貝克漢代言的內褲廣告、訪問上海市集裡兜售盜版巴塞球衣的攤販……

擔任隨隊記者的那幾個星期，我有幸近距離觀察球員的日常生活，也見證了梅西跟小羅納度之間關係逐漸熱絡、友誼開始萌芽的過程（只不過我當下還沒意識到）。由於巴塞陣中有些球員要參加奧運，主帥里卡德臨時決定拉上兩名B隊球員——一位是莫拉（Pepe Mora），另一位就是才剛過十七歲生日的梅西。我不是專業記者，更不是先知，要是我說我當年一看到梅西就確信他將成為一名偉大的球星，我就是昧著良心說假話。但當時確實有些同行已經認定這小子日後必將大有作為，也跟我說他在B隊簡直是呼風喚雨，於是我也慢慢開始在練習時間特別關注他。

梅西那時展露出來的形象，現在球迷已再熟悉不過——一名含蓄內向的年輕小伙子，總是靜靜在旁不發一語，整個人害羞到讓人以為他很怕事。他雖然不會孤僻到不跟人來往，但大家狂歡吵鬧時，他也從來不會是全場焦點。大夥兒哄堂大笑時，他總會跟著一起笑，而且如果我的記憶沒有錯亂，他甚至會試圖隱藏自己得天獨厚的天賦、收斂他超群不凡的球技。他不願如此年輕就當上那隻出頭鳥，以免隊友相形見絀而羞愧不已。身為球隊初來乍到的菜鳥，每次練習時梅西都要幫大家把器具跟用球搬至場地，這項苦差事加上他青澀稚嫩的模樣，都讓他整個人看起來活像個被剝削的孤兒。梅西在這趟亞洲巡迴表演賽跟哈維是同房室友，做此安排的人肯定經過深思熟慮，我還真想不到有誰比哈維更適合帶領梅西融入球隊、跟大夥兒建立情誼、跟他談心、教導他巴塞隆納足球隊的核心價值與信念、說明為一軍披甲上陣的責任與榮耀。

我找出了自己在那趟亞洲之旅所寫下的報導，結果發現我幾乎沒提到梅西。但我也發現他僅僅在一場比賽（第二站東京站）中上陣，且僅僅踢了十五分鐘就射進一球，最終助巴塞在東京國立競技場以五比〇戰勝鹿島鹿角，要不是不幸射中門柱，梅西繳出的成績單還不僅如此呢。話雖如此，小羅納度才是這次巡迴表演賽主打的看板球星，也難怪我替《國家報》寫的賽事報導如下：

小羅納度自然是超凡脫俗、鶴立雞群，他以幾套精彩絕倫的招式、輕巧精緻的觸球宰制全場，九十分鐘來潛身陣中，無私地傳出一記又一記妙傳。這名巴西巨星原本就風靡日本，吸引成群球迷拜倒在他的風采之下，但他在這場比賽風華絕代的演出，更鞏固了他的傳奇地位。小羅納度的無私與慷慨在比賽最後階段盡顯無遺，他一手包辦了球隊的組織與進攻，看台上的球迷無不引頸期盼他射入招牌進球。但他接獲加西亞（Luis García）的傳球並殺入禁區後，眼看就要破網建功，他卻決定將球傳給年輕的後輩梅西，彷彿是在說：「來吧，你來操刀。」

好吧，我承認我這篇報導寫得稍嫌浮誇，畢竟這不過是場友誼賽。但拜託，我可是在世界另一頭的東京寫的稿。這篇報導的重點是小羅納度成就後輩的寬宏大度，而梅西日後也在其他球場對別的球員仿效了小羅納度的慷慨之舉。每一名偉大的球員都知道如何對人慷慨，這大概是少年梅西最先從這名巴西天王身上學到的功課吧。每一名偉大球員生涯剛起步時，都會在球員更衣室中尋找一名導師，他們需要一名經驗豐富的前輩，帶他們透透徹徹地認識球隊大大小小的細節和各種儀式、講解他們踢球方式背後蘊藏的心法與哲理、傳授在場上奮戰應有的態度。單就那趟亞洲之旅而言，哈維或許扮演了一位稱職的開導者，但論到梅西足球生涯的導師，仍非小羅納度莫屬。儘管很難想像，小羅納度一遇見梅西，立刻就擔當起梅西導師的重責大任。

兩年之前，梅西還在青年隊踢球時，薩維奧拉（Saviola）也對這位聲名遠播、眾望所歸的少年十分感興趣，甚至把自己的球衣送給他。他們兩人都是阿根廷人，有這層同胞情誼，但薩維奧拉在場上場下的表現還不足以擔任梅西足球生涯的賢者貴人。小羅納度在亞洲巡迴表演賽之後立刻就（德科多少也有）意識到少年梅西的無窮潛力，梅西本人就曾描述他們兩人最早的互動是怎麼開始的。亞洲巡迴結束後緊接而來的二〇〇四—二〇〇五賽季，還是B隊成員的梅西已經與一軍一同訓練，教頭偶爾還會讓梅西上場幾分鐘跟這些一線球員踢球。他當時訓練完後，都會跟其他B隊球員到更衣室的另一區換衣服。但有一天，小羅納度堅持把自己位置旁邊的空櫃位給梅西使用，從此以後，梅西就打入球隊的核心圈了，而教頭里卡德自然也樂見其成。

二〇〇八年三月九號，小羅納度為巴塞隆納出戰最後一場正式比賽，那時他已與梅西並肩作戰了近三年半。梅西在巴塞一軍踢進的第一球，就是小羅納度助攻給他的。這個別具意義的時刻值得紀念，實應另立篇章細細品味。多年後小羅納度回憶道：「我整場比賽都在看他有沒有空檔，我真的很想看他進球。」梅西射進載入史冊的第一球後，這些年來和小羅納度兩人的連線勢如破竹、屢屢建功，梅西有時也會給助攻給小羅納度，但十之八九是小羅納度傳出助攻讓梅西破門。你如果仔細回顧兩人搭檔的球賽，就會更明白梅西和小羅納度之間的師徒關係究竟是怎麼一回事——看小羅納度如何一句話都不用說就為球賽帶來滿滿的喜樂、看他謙卑又自信滿滿地確信自己是場上最強的球員、看他送出妙傳助隊友破門之後的心滿意足。每次梅西射門得分，他都會尋找小羅納度的身影想跟他一同慶祝，先是指向他感謝他的貢獻，然後跳到他背上振臂歡呼。梅西每一場比賽都學著如何跟經驗比他豐富的前輩攜手合作、共創佳績。對二十歲的梅西來說，那是一段燦爛笑容常掛臉上的日子、一段飄飄長髮隨風舞動的日子、一段每一招每一式都把身體推到極限的日子。可惜好景不常，小羅納度曾身披巴塞戰袍風光奪下諸多冠軍頭銜外加一座金球獎，但在他為紅藍軍團效力的暮年，場上的狀態卻開始起起伏伏——他經常缺席訓練、開始放縱自己，讓球隊失望不已。終於，這名巴西巨星離開了巴塞，而他的十號背號則由梅西繼承，至今仍披在背上征戰沙場。

第十五章

傷病

如果你沒在諾坎普球場經歷過梅西被犯規然後倒地不起的鴉雀無聲，你根本不懂什麼叫寂靜。梅西從來不在場上演戲詐傷，所以他摔在地上之後，首先迎來的是全場沸騰、群起憤慨，彷彿眾多爸媽看到心肝寶貝被人粗暴地撂倒在地，霎時間叫罵陣陣、噓聲四起。滿場球迷都恨不得裁判趕緊替天行道，立刻亮牌教訓兇手，最好直接出示一張紅牌將對手判罰下場，因為不管是早有預謀的惡意犯規還是一時腦充血的報復行為，將全速奔襲的梅西放倒在地看起來總是觸目驚心。接著，如果大夥兒心繫的男孩沒有馬上爬起身來，如果他還倒在地上痛苦地翻滾，寂靜就會籠罩整個球場，把大家壓得密不透風，彷彿一個巨大的真空玻璃罩從天罩下。再過十秒，氣氛便會沉落谷底，恍若國葬。不用一分鐘，全場球迷便會開始躁動，每一雙眼睛都在其他球員身上游走，想從他們的反應尋找梅西傷勢嚴重與否的跡象，或者看向將醫護人員招入場中的裁判。坐在電視機前看轉播的球迷，至少還能從特寫鏡頭研判球員的傷勢，可以看見梅西是否在向裁判抗議、是否鮮血直流。但現場球迷看不清場上狀況，大家都在交頭接耳、暗自低語，卻也不想說出不吉利的話。此時肯定有人向神祈禱、有人詛咒辱罵侵犯梅西的兇殘暴徒，也有人開始計算假如梅西因傷缺陣一個月、兩個月、三個月，球隊會損失多少積分。如果現場有同時在收聽電台轉播的球迷，他馬上就會成為看台上的信使，向眾人傳遞最新情報：「他們說傷勢看起來不嚴重。」或悲嘆：「他們說情況看起來不太妙……」

這類消息總像燎原野火般迅速蔓延。每個球迷腦中都住著一名醫生：「休息個兩週就好……這絕對是肌肉傷勢……看起來是大腿後肌拉傷……應該要進高壓氧治療艙……」而且球迷往往會根據球隊當下的處境與需要，做出對傷勢的推斷。比較樂觀的會安慰旁人：「這麼多年來他早就學會怎麼摔了，一定不會太嚴重。」較為悲觀的球迷則會哀嘆：「死定了，他絕對整季報銷。」綜觀球隊傳統，巴塞隆納球迷有個特性——隨時都會掉入內心的小劇場，任何微小的跡象都會惹得我們心神不寧、焦慮萬分，而且對這樣的狀況習以為常。一直到告魯夫執掌兵符之後才建立起我們對球隊的信心。這是歷代巴塞球迷遺傳下來的心態，賽季才進行到十二月，這群沒信心的球迷就會嚷嚷著：「又來了，今年又沒機會了。」如果運氣好點，或許進行到二月才開始抱怨吧。儘管我們近年來已建立起一層又一層的信心，遮掩埋藏了這種輸家心態，但我們針對梅西的狀態還是會過分焦慮，活像皇宮大院中吹毛求疵的園丁。我們一旦看到他嘔吐、或長距離奔跑後痛苦大叫，立刻就會心急如焚地盯著他看；又或著是他比賽踢到一半摸了摸他的腿，或是盯著地板漫步的時間久得不尋常，或只是神色不悅……梅西的痛苦我們感同身受，巴不得替他承受，平均分攤給場下的每一位球迷，好讓他繼續在場上奮鬥。而他的痛苦之所以讓我們感同身受，是因為我們都看過他受傷的痛苦模樣，克服傷病絕不是一件容易的事。

儘管如此，幾乎沒人看過梅西第一次受傷的過程，而且還是骨折。比達爾（Albert Martín Vidal）替《Líbero》雜誌撰寫的一篇報導中，描述了梅西十三歲時，在一場對上西班牙托爾托薩（Tortosa）的艾布列體育學院（Ebre Escola Esportiva）的比賽中，被對方球員踢到腓骨骨折。那僅僅是他加入巴塞青年B隊的第二場比賽，在這之前，他等了好幾個星期才終於從阿根廷轉到巴塞隆納。比賽才開始一分鐘（網路上還找得到影片），少年梅西在邊翼拿到球，試著盤球推進結果把球帶出了界外。對手擲入邊線球後，接球的對方球員想大腳把球轟出自己的防守區域，正要踢到球時，梅西卻突然伸腳想擋住他，不幸被踢個正著，踏踏實實地吃下了這一腳的威力。踢傷梅西的那名球員拜耶斯（Marc Baiges），多年後讀到比達爾的這篇報導，才赫然發現自己曾把梅西的腳踢斷，他當然也沒發現，這無心的一腳差點就踢翻了我們所經歷的足球歷史。整整三個月的時間，梅西都得打石膏拄柺杖窩在家裡。那一季他跟家人住在巴塞隆納俱樂部為他們在勒哥爾特區（Les Corts）提供的一間公寓裡，但他母親已經帶著他兩個哥哥和妹妹回羅薩里奧了，因為他們實在不適應巴塞隆納的生活。梅西的父親其實也不是十分有把握，不確定留在巴塞隆納是否是正確的決定，於是有一天，他坐在因為沒法踢球而百無聊賴的梅西身旁，問他想不想打包行囊回老家了。父親對梅西說，只要他開口，他馬上就買機票帶他回家。「爸爸不要，我想在巴塞隆納踢出成績。」年幼的梅西如此回答，他在這方面意志堅定、說得斬釘截鐵。

或許正是因為他經歷過這難熬的幾個月，或單純受不了沒法踢球的日子（體育記者常用「進廠維修」這個老哏來形容），梅西每次受傷都苦不堪言。梅西職業生涯受的第一個大傷是肌肉傷勢，而且當下看起來不太樂觀。那是二〇〇六年三月七日的一場歐冠盃比賽，對手是穆里尼奧領軍的切爾西。梅西在那場比賽扯斷了右腿的股二頭肌，被迫休養兩個半月，最慘的是這代表他將無法出戰在巴黎的決賽。看到意志消沉的梅西走向更衣室時擁抱里卡德的景象實在令人心碎，而這一幕在兩年後的二〇〇八年三月不幸重演，而且又是在歐冠盃賽場上，對上格拉斯哥塞爾特人（Glasgow Celtic）的一役。這兩年間他替俱樂部跟國家隊南征北討也受過其他肌肉傷勢，但這次受傷令他格外難受。他忍不住流下淚水，無助感湧上心頭，因為三個月前他才剛在一場對瓦倫西亞（Valencia）的比賽中遭受非常相近的傷勢。正是在這種時候，整座諾坎普球場會陷入一片死寂，球迷開始替梅西感到難受。

除此之外，梅西的這些傷勢開始讓人懷疑是不是哪裡出錯了。媒體開始捕風捉影，猜測梅西頻繁拉傷是否是錯誤的荷爾蒙治療導致（隊醫駁斥了這類說法）。媒體認為梅西有責任保護好自己的身體，還說他應該要知道自己的極限在哪裡，不能過度操勞。

瓜迪歐拉在二〇〇八年執掌巴塞教鞭，他帶隊的那幾年大大改善了梅西的身體狀態、效果奇佳，而一切都是從改變他的飲食習慣開始——少吃一點披薩和比臉大的拿坡里炸肉排（milanesas a la napolitana），這道阿根廷國民美食的作法是將油漬漬的肉排裹上麵包屑後放入鍋裡油炸。但到了二〇一三年，梅西在短短一年內接連受傷四次後，決定把自己的身體狀態交在義大利營養專家波澤（Giuliano Poser）手中。波澤建議梅西採取更激進的飲食方式，以求身體的每一塊肌肉都能發揮最佳效能，同時又能預防受傷。他要求梅西精挑細選、小心把關要吃下肚的食物，盡量吃未精製過的全食物（whole food）、未經加工的食材，比如說橄欖油、當季水果、新鮮魚肉等等，總之加工處理程序越少越好。自從梅西改變飲食習慣後，雖然還是受過幾次傷——其中最嚴重的是二〇一五年九月因韌帶拉傷休戰兩個月——但都不及十年前那些傷勢嚴重（誠願梅西常保健康）。

撇除梅西自己的身體狀態這個因素，有些傷勢是對手粗暴犯規造成的。防守球員並非總能風度翩翩地承認他的盤帶技巧就是如此出神入化，有時會被耍得惱羞成怒、憤而施暴；有時也會嚴重誤判出腳搶球的時機，結果一腳踢在梅西腳上。舉例來說，二〇一〇年九月一場對馬德里競技（Atletico Madrid）的比賽中，馬競後衛烏法魯西

（Ujfalusi）大力踩在梅西的右腳踝上（直接吃下一張紅牌），傷到了他的內側副韌帶。梅西被迫休戰兩週，而他受傷的腳踝腫得像顆網球，記錄了這般慘狀的照片事後還在全球瘋傳。

奇怪的是（或許也不那麼奇怪），在經常對梅西痛下毒手的球員黑名單之中，皇馬球員就佔了一大部分，尤其是穆里尼奥執教時期。世仇對峙的熊熊戰火與澎湃激情確實是一大原因，而梅西自己每次遇上白衫軍也都格外來勁、通常都能上演精彩至極的表現——皇馬前門神卡西亞斯（Iker Casillas）肯定再清楚不過，他每次心不甘情不願地從自家球門取出被巴塞射破十指關的皮球，都會咬著嘴唇仰望蒼天。但除了兩隊的激烈競爭，也有不少犯規是因防守球員自己惱羞成怒，憤而對梅西犯下暴行。馬塞洛（Marcelo）和佩佩都曾在梅西身上留下殘暴的印記，拉莫斯（Sergio Ramos）更兩度對梅西祭出嚴重犯規直接被判罰下場，而且這兩次犯規都明顯是他按捺不住怒火憤而下手的。

現在梅西已年屆三十一歲，因傷缺陣的每一場比賽都是全世界球迷的慘痛損失，是我們永遠無法尋回的寶貴時光。梅西每次受傷都在提醒世人時光飛逝、歲月無情，提醒我們終有一天梅西將掛靴退役。當那日來到，我們仍會在場上尋找他的身影，正如他負傷休戰時，隊友仍會習慣性地抬頭搜尋他的位置，但他的身影早已消逝無蹤，我等最終也只能徒呼負負、黯然神傷。於是（老師音樂請下！）「我們站在深淵之上數秒之久，而常識告訴我們，你我的存在不過是倏忽即逝的一道光縫，前後盡是黑暗的永恆……」

好啦好啦，不必說得這麼誇張，我只不過是想預備好心態迎接梅西不再踢球的那一天。

第十六章

紀實文學

在梅西橫空出世之前，全世界的足球迷根本對數據紀錄不屑一顧。因為所謂數據統計，不過是用數字呈現足球日復一日累積起來的無聊細節，完全與球迷的激情所在、心之所嚮背道而馳。我們喜歡的是因見證前所未見的奇蹟而激情澎湃、因目睹球員施展無人能比的絕招而興奮不已。

這股數據狂熱其實來自美國。在這個國家，球星個人的表現和球隊整體的成果，全都會經過極盡繁瑣、鉅細靡遺的計算與分析，奢望能據此預測未來。美國體壇之所以如此迷戀數據，或許跟以下原因有關——一般棒球賽季為期六個月，每支球隊都會打一百六十二場比賽，也就是平均每週打六場比賽。在NBA，每支球隊一季至少要出戰八十二場比賽，如果一路打到季後賽冠軍戰，最多可能打到一百一十場。因此根本沒有多少球迷有時間場場都追。而且由於各隊所在時區不同，聯賽排名一天之內就要更新多次，而每個賽季最終脫穎而出的都是那些步調規律、節奏穩健的球隊。

數據統計就像是足球界的紀實文學，留下許多冷冰冰、不近人情的紀錄供後人解讀，讓他們透過這些數字多少揣摩一下多年前的歷史、推測當年究竟發生了些什麼事。

然而，這卻不是我們記憶中的現實。我舉個例子，有誰記得梅西對赫塔菲的那場球賽，最後比數是幾比幾？抱歉沒說清楚，我指的是梅西連過五人射進夢幻進球的那場比賽。梅西當時的一舉一動都已深深烙印在我們的腦海裡——我們記得梅西如何避過出擊的門將把球射入球門；記得艾托奧如何跟在梅西旁邊奔跑、看皮球滾入球門後不可置信地雙手抱頭；記得梅西如何在隊友的簇擁之中慶祝……但沒什麼人記得最終的比數是五比二。其他進球又是誰踢進的？完完全全是個謎。而且這場名垂青史的球賽，其實只是國王盃四強戰的第一回合，人們更不記得第二回合的結果——三個星期後，巴塞隆納作客赫塔菲主場，結果以〇比四慘遭屠殺、淘汰出局。那次里卡德把梅西留在巴塞隆納休息，結果讓球迷經歷了無比悽慘的一夜。梅西這顆驚世駭俗的進球，如果放在龐雜繁瑣的數據中檢視，也只不過是平淡無奇的一個數字，完完全全被埋沒在數據之海之中。

NBA巨星詹姆斯（Lebron James）曾說紀錄就是要給人打破的。我也隱約記得，告魯夫執教夢幻隊時曾開玩笑說數據存在的意義就是要被人證明毫無意義。事實也確實如此，世人只有在紀錄被人打破時才會注意到這些數據的意義，而這也是梅西的足球帶給世人的樂趣。除了記錄過往事件這個目的，我還喜歡從另一個角度審視球員留下的紀錄——有些球員將透過自己創下的紀錄與後世對話，他們的紀錄被人打破、為後起之秀讓出頭上的桂冠時，將會重回世人的目光焦點。舉例來說，畢爾包競技傳奇前鋒薩拉（Telmo Zarra）曾是西甲進球王，總進球數二百五十一顆的紀錄高懸將近一甲子，一直到二〇一四年才被梅西超越。梅西在二〇一二年才剛打破塞薩爾（César）從一九五五年以來的紀錄，超越他的二百三十二顆進球成為新任巴塞隊史進球王。在一九七〇年代效力拜仁慕尼黑的德國球星「魚雷」穆勒（Gerd *Torpedo* Müller），則親眼見證了梅西打破他的兩項紀錄。第一項是單一年度在各項賽事的總進球數——穆勒在一九七二年一共射入了八十五球；梅西則在二〇一二年狂進九十一球。二〇一八年一月，梅西又超越了穆勒在單一頂級聯賽的生涯總進球數——「魚雷」一共在德甲射入三百六十五球，而梅西憑藉著一顆對皇家社會（Real Sociedad）射進的自由球，以總計三百六十六顆西甲進球超越先人，而賽季結束時，梅西已將這個紀錄進一步推進至三百八十三球。截至二〇一九年四月，梅西在西甲的總進球數已達到四百一十五球，至今未見停歇。

以上不過是梅西無數紀錄的九牛一毛，而鑽研這些數據實在是索然無味，直教我哈欠連連。或許某些足球迷對追逐紀錄有一種病態的迷戀，而且永遠無法滿足，因為永遠都會有新的可能性，你總能找出幾項無關緊要的數據，期待球員或球隊打破。

生而為巴塞球迷的作家比拉馬塔斯（Enrique Vila-Matas），即將歡慶五十大壽時，寫了一篇文章談及他有多厭惡那種逢五逢十的整數，他觀察到世人總賦予這些數字「不合理的荒謬特權」，並批評每次都硬是要湊整數來慶祝是多麼沒意義，總是教人感到無聊透頂。梅西在二〇一八年年初射入了巴塞隆納在諾坎普球場大小正式比賽的第四千顆進球。嗯，這項成就是不錯。但三天後，蘇亞雷斯對阿拉維斯（Deportivo Alavés）踢進的第四千零一球才是價值連城、至關緊要，因為這顆進球替球隊吹響了反攻的號角。儘管如此，第四千零一球卻沒有像第四千球那樣黃袍加身、萬眾追捧。

我不否認各項紀錄、特殊日期、各種整數偶爾仍會引起我的興趣，但我更希望球員在締造這些紀錄時，剛好踢出漂亮的進球、使出精彩的招式與之相稱，希望這種碰巧達成的紀錄只不過是替球賽本身提味的配菜。梅西正式比賽的第五百顆進球就是絕佳例子，他在二〇一七年四月二十三日踢進了這顆載入史冊的進球，而締造紀錄的地點正是皇馬老巢聖地牙哥伯納烏球場。那真是紅藍軍團近年來最令球迷津津樂道、難以忘懷的一夜，當時戰況膠著，巴塞和皇馬以二比二僵持不下。你肯定還記得那命定的一刻——比賽來到第九十二分鐘，眼看比賽就要塵埃落定、兩隊即將握手言合。此時我軍的羅貝托（Sergi Roberto）突然帶球從中間突破、一路推進，完全沒有人擋下他，最後將球放給在左路找到空間的戈梅斯（André Gomes）。這名葡萄牙籍球員拿到球後慢了下來，然後傳給從他身後插入禁區的阿爾巴，而阿爾巴第一時間就將球貼地橫敲。此時梅西突然憑空出現，整個世界彷彿屏息靜止了一毫秒，等著斗轉星移、眾星連線，成就這命中註定的一擊——梅西在禁區內起腳射門，皮球從亂軍之中竄出、一箭射入死角，將比數改寫為三比二。我不認為梅西當下意識到自己射入的是生涯第五百球，至少他起腳射門時心裡想的肯定不是這項紀錄。但他破網後緊接而來的慶祝動作，確實看似經過預先策劃，而且隔天早上絕對會登上每一家報紙的頭版，因為這個慶祝動作實在太經典了，反映出到這場殊死惡鬥的熱血澎湃、也完美體現梅西史詩級的威能和宰制全場的本領——

梅西脫下自己的球衣並高高晾起，給伯納烏看台上的球迷看個仔細。他寧靜平穩、傲然挺立，彷彿是在說：「看好，我是披著十號的那一位。」

巴塞教頭恩里克在賽後記者會上表示：「梅西就算在家吃晚餐的時候，都是球隊的勝敗關鍵。」

這場比賽有許多令人印象深刻的畫面深烙球迷腦中，其中包括了C羅在梅西射進這顆驚天動地的絕殺球之後憤而搖頭的景象。說到這裡，紀錄和數據又稍稍引起我的興趣了。這些年來，替C羅護航的球迷總喜歡搬出各項數據跟梅西比較，但他們沒意識到足球遠比帳面上的數據豐富得多。比較兩人的戰火甚至延燒到耐吉和阿迪達斯這兩家品牌之間的較量。正如記者卡林（John Carlin）在《國家報》所述，C羅天生就是塊中鋒的料，「是世界上最好的九號位」，近年來他在世人面前也再再證明了這點。但卡林接著建議C羅最好放低姿態學會自嘲，「因為他這個九號一輩子都達不到十號的高度」。

梅西和C羅雙雄較勁、世紀爭霸，第一個戰場就是金球獎頒獎台。兩位球星各自囊括五座金球獎，事實上，兩人從二〇〇八到二〇一七年壟斷了這個足壇最高個人榮譽十年之久。我們要一路回溯到二〇〇七年才能找到另一位金球獎得主——巴西球星卡卡（Kaká），當年C羅在票選名單上排名第二、梅西則屈居第三。兩人年年上演的頂尖對決，只在二〇一八年被半路殺出的黑馬莫德里奇（Luka Modrić）中斷。這得歸功於他在二〇一七—二〇一八賽季以威震四方的表現助皇馬奪得歐冠盃冠軍，又率領克羅埃希亞在俄羅斯世界盃一路過關斬將、挺進冠軍決戰。雖然莫德里奇戰功彪炳，實力也無庸置疑，但梅西這一季的表現也不遑多讓——他的進球數冠絕全歐，奪下歐洲金靴獎，同時還是西甲的賽季助攻王。他這次在金球獎的競逐中敗下陣來，很可能又是因阿根廷國家隊低迷的表現吃了悶虧。

暫且撇開莫德里奇半憑運氣中斷的這年不談，梅西和C羅制霸足壇的十年間，兩人的龍爭虎鬥成為媒體日益關注的焦點，兩人也打破了一個又一個的紀錄。更有趣的是，只要兩人繼續披甲奮戰，有好幾項紀錄隨時都可能會換人保持。比如說歐冠盃史上進球王——兩人在二〇一五年雙雙超越勞爾（Raúl González）七十七球的歷史記錄，截至目前為止（二〇一九年五月），C羅已囊括一百二十六球，梅西則有一百一十二球入袋。

兩人在歐冠盃這個全歐洲最頂級的戰場上，皆曾八度上演帽子戲法。梅西在西甲狂進三球的場次達到三十三場，而C羅更有三十四場……

你看，又來了，這些數據看得我哈欠連連。我還沒提到他們分別在阿根廷和葡萄牙國家隊的表現呢。與其埋頭翻找、耙梳兩人各自締造的紀錄，試圖找到更多數據佐證誰比較優秀、誰的表現又更勝一籌，或許我們應該先想想梅西的年紀比較小一點，在頂級賽事征戰的歲月大概會比較長，可能比C羅多個兩、三年，甚至五年。而這麼長的時間絕對足夠他打破一切紀錄，讓世人啞口無言，從此閉口不提數據紀錄，直到永永遠遠，阿門。

第十七章

歡笑與淚水

梅西年紀還很小時就已聲名遠播，人們不是早已見證梅西縱橫球場的英姿，就是很想一睹這名神童的風采——場場踢進四、五球早已不在話下，敗在他腳下的往往還是年紀比他大的對手。任何有幸看過他踢球的人，更不用說執教過他的教練，都非常珍惜這難能可貴的經驗，也都信心滿滿地預言這孩子日後肯定大有可為。梅西在各層級賽事的表現都出類拔萃，有一次加泰羅尼亞電視第三十三台在一個星期六下午，轉播了一場巴塞隆納B隊的比賽，結果收視率衝破天際。梅西在各個層級都能繳出如此斐然的成績，這也難怪每當有人問起梅西的生涯首戰，球迷想起的比賽總不只有一場（但若問的是其他球員就只會記得一場），而是有好多場比賽浮現腦海。事實上，每當我說梅西登上巴塞一軍的首戰是對上波圖的友誼賽，教練是里卡德，很多人都會指正我說梅西的處女戰應該是在賽季前舉辦的甘伯盃才對，在諾坎普球場對決尤文圖斯。但事實並非如此，其實這種說法就像那種廣為流傳但真實性存疑的傳說，因為人的記憶很善變，會自然而然地挑選梅西表現突出、最早令我們驚豔不已的比賽，當作他的處女戰存入記憶庫中。而對上尤文圖斯的這一役確實是一場令人目眩神迷、氣氛歡騰的精彩演出，我們很自然就把它寫入記憶之中了。其實很多球迷會把梅西的處女戰記成這一役也不無道理，因為這是他第一次登上一軍並以先發球員的身分出戰。梅西從第一分鐘就上陣迎敵，整場比賽像一張空白書頁一樣攤在他面前供他恣意揮灑，從他不可思議的球技寶庫中，挑選幾樣絕招展示在全場球迷面前。那一戰確實深植人心，你可能連比賽日期都還記得——二〇〇五年八月二十四日。

我應該稍作補充，當時發生了一些事讓那場球賽參雜著歡笑與淚水，但首先我們應該回到比賽一週前的八月十七日，談談梅西在阿根廷國家隊的處女戰，而這場球賽完全與「順利」兩字沾不上邊。

梅西首次為國家隊出征是在一場阿根廷對上匈牙利的友誼賽。國家隊教練貝克曼（**José Pékerman**）想藉此機會試試新球員，但大家都心知肚明，他最主要的目的是讓梅西首次為阿根廷亮相。梅西當年才十八歲，將成為國家隊一軍陣中最年輕的球員。比賽踢到第六十四分鐘時，阿根廷以二比一領先對手，這時背號十八號的梅西銜命上場，換下前鋒洛佩斯（**Lisandro López**）。你可以把這場比賽的影片找出來看，可以的話最好搭配恐怖片音樂。梅西慢跑上場後站在中場線附近，他馬上就接獲隊友傳球，接著把球傳給德亞歷山德羅，結果球被對手搶走了。幾秒後一位隊友把球搶了回來，又把球傳到梅西腳下，梅西帶球向前突破。匈牙利中場球員范薩克（Vanczák）緊追在梅西身後並伸手拉住他的球衣，藉此犯規手段讓他慢下身來。梅西為了擺脫對手糾纏，停下來時手臂向旁邊一甩，結果范薩克就這樣順勢倒地，裝得好像梅西一肘狠狠地撞在他臉上，他還開始摸自己的臉，好像在看有沒有濺血。當時執法的德國籍裁判非常靠近事發地點，結果竟不假思索就賞了梅西一張紅牌。沒有人敢相信自己的眼睛，這簡直是天大的笑話。阿根廷球員全都衝上前，把裁判團團圍住，彷彿在說：「你這隻蠢驢！你看不出來你誤判了嗎？你知不知道被你罰下場的人，將來會成為史上最強球員？你確定要在你的履歷上留下這麼大的污點嗎？」此時的梅西似乎整個人傻住了，他什麼也沒做，就只是遠遠地看著裁判，不敢置信又沮喪不已。他還把紮在褲子裡的球衣拉了出來，露出他的腹部。當時效力沃夫斯堡（Wolfsburg）的德亞歷山德羅會說一點德文，他向前質問裁判：「你這傢伙為什麼硬要求關注？你知不知道這是那小子的處女戰啊？」但不管怎麼說都無濟於事，梅西也只能意志消沉地慢慢走下場。你知道這場比賽他踢了多久嗎？四十七秒。梅西遭受的不公真是令人髮指。比賽結束，球員回到更衣室時，委屈的梅西早已哭得唏哩嘩啦。

今日看來，那次誤判就只是個荒唐的錯誤，是可以在茶餘飯後跟親朋好友分享的小故事，但對當時的梅西來說簡直是天崩地裂。就連對手范薩克後來都說，判梅西紅牌實在太嚴厲了。至於那個裁判，我真不知道是該寫出他的名字明著羞辱他，還是該隱藏他的身分當作懲罰。哪一種作法比較好呢？是該隱藏他的姓名，不給他任何沾光梅西的機會？還是該揭露他的身分，讓他為當年明目張膽、傲慢自大的過度反應付出代價？可笑的是那次誤判的前一年，歐洲足總（UEFA）才剛把他封為世界最佳裁判。他的名字叫默克（Markus Merk）——對，我還是說了——是一名牙醫，而從他的紀錄可以看出他大概是某種紅牌狂熱分子。

七天後，梅西在甘伯盃出戰尤文圖斯。我們不能忽視他那天晚上除了對付這支義甲勁旅，其實也在對抗命運，彷彿在這一戰大殺四方就能讓國家隊首戰留下的苦澀滋味一掃而空。我們也知道在那段日子，巴塞會員去觀賞季前舉辦的甘伯盃賽事，都是想一睹本賽季新進球員的風采。進場觀賞夏天的第一場比賽，也是跟隔壁座位的球迷噓寒問暖的好機會，也可以藉機熟悉一下球隊剛剛簽下的球員、開始評估球隊未來的情勢。

那天下午，梅西穿著三十號球衣上場，他整季都是披著這個背號。某種程度上來說，這個背號已經比之前好了，因為小羅納度是十號，而二十號是德科。梅西在第六分鐘在右路下底，假動作晃得盯防他的佩索托（Pessotto）連滾帶爬、幾乎撲倒在地，接著傳出一記非常有威脅的橫敲，可惜門前的隊友拉爾森（Larsson）未能把握機會破網得分。諾坎普全場球迷只得齊聲哀嘆：「噢！」尤文球員一開始還沒從開季前的散漫狀態甦醒過來，個個在場上愜意漫步，此時才突然發現這個年輕小子竟然輕易在他們陣中殺進殺出如入無人之境，於是開始兇狠地對梅西犯規。球賽踢到第三十五分鐘，這支義甲勁旅已有三名球員吞下黃牌，另有兩人被裁判警告。梅西屢屢遭到對手侵犯，鬥志卻不減反增，一拿到球就衝鋒陷陣、殺向對手，像頭永不滿足的嗜血猛獸。就連卡納瓦羅（Cannavaro）、迪皮爾洛（Del Piero）、伊布拉希莫維奇這些人物，都因他瘋狂到幾近失控的搏命演出震懾不已，而巴塞隊友助拳的方式就是不斷傳球給他。梅西的一舉一動、每次觸球、每次變向，都會招來全場球迷的歡呼鼓勵。整場比賽他幾乎沒有射門，但在第六十六分鐘送出一記長傳給伊涅斯塔，助他射進追平球（迪皮爾洛已憑藉一顆十二碼點球替尤文圖斯先馳得點）。時任尤文圖斯主帥的卡佩羅（Fabio Capello）事後透露，他當時看到梅西傳出一記記令人目不暇給的精準傳球，也不管球賽才踢到一半，就逕自走到巴塞教練席跟里卡德說他想簽下梅西，把他租借到尤文圖斯。

下半場踢到某個階段，諾坎普球場的球迷開始喊著：「梅西，梅西，梅西……」他的表現可圈可點，確實值得眾人為他歡呼，只差沒有進球而已。我想大概沒多少球員像梅西一樣，踏上諾坎普球場沒多久就能激起球迷澎湃的熱情。里卡德也賞給梅西特殊待遇，回報他此役的精彩表現——在比賽最後一分鐘把他換下，讓他走下球場時接受球迷的歡呼鼓掌，迎接這名超級新星的誕生。

卡佩羅租借梅西的請求，其實跟繁瑣的法規有關——巴塞一軍的外籍球員名額已達上限，尚未取得西班牙國籍的梅西因而無法替球隊出賽。一個月後，梅西的申請通過了，里卡德立刻就讓他在歐冠盃對上烏迪內斯（Udinese）的比賽中先發上陣，而他在各項賽事也越來越常出現在球隊名單中，經常取代吉利（Giuly）上陣。比如說幾週後的西甲賽事，梅西就以先發球員的身分出征伯納烏球場，助巴塞以三比〇痛宰對手。小羅納度在這場比賽璀璨耀眼、風靡全場，就連皇馬球迷都看得心蕩神馳，紛紛為他起立鼓掌。這個時期，皇馬隊上一眾巨星的光芒已逐漸黯淡，強如席丹、卡洛斯（Roberto Carlos）、羅納度（「外星人」羅納度，不是C羅）也只能眼睜睜看著小羅納度展現他的天才風采，球迷則見證了時代變遷、朝代更迭。

巴塞隆納也在這幾個月兩度更新了梅西的合約。球隊根據他們對梅西未來的展望調整合約內容，完完全全將梅西視為一軍成員了。或許這就是為什麼另外兩次創舉現在沒什麼人有印象了，儘管在當時都是大事件。其中一次是梅西在西甲的官方首秀——二〇〇四年十月作客蒙特惠奇山（Montjuïc）對決西班牙人。另一次創舉的意義比較重大——梅西射進了他在巴塞一軍的第一球。二〇〇五年五一勞動節，巴塞隆納在諾坎普球場對上來訪的阿爾巴塞特（Albacete）。巴塞只消再迎來兩場勝利就能拿下西甲，而他們當時以一比〇領先。終場前四分鐘，梅西上場換下艾托奧。他一上場，進球的渴望就盡顯無遺。小羅納度一如既往地慷慨大度，開始餵球給梅西——他拿到球以後，輕輕吊過一眾防守球員傳到梅西腳下，而梅西接著將球輕巧挑過出擊的門將，破網得分。結果裁判卻誤判梅西越位，宣布進球無效。但這樣的發展反而更好，因為下一分鐘，梅西接獲德科傳球並轉傳給小羅納度之後，這位巴西魔術師又傳出一記跟上一球一模一樣的小吊球，而梅西也故計重施，輕巧將球挑過門將，這次終於算進了。這顆進球頓時成為風靡足壇的強檔大片，看得全世界球迷拍手叫好，彷彿打開了一瓶永不乾竭的香檳，瓶中流出的美酒源源不絕。梅西連第一顆進球都要射進兩次，打從足球生涯的最開端，他就打破了足球的金科玉律。人總說球場上不可能出現一模一樣的招式，但梅西的字典裡沒有不可能。

第十八章

虛構文學

許多球迷是看著梅西的球賽、讀著哈利波特小說長大的。一九九七年時，梅西才十歲、哈利波特十一歲，但兩人都颳起了一陣魔法旋風。這樣說來，這兩個角色陪伴無數讀者、球迷一同成長，一季又一季、一集又一集地伴隨他們長大成人。肯定有不少人回顧過往時，會發現梅西隨著巴塞隆納闖蕩足壇的神奇旅程，彷彿也是圍著一名英雄少年寫出的奇幻故事──他和哈利波特一樣都是被上天眷顧的少年。梅西在巴塞隆納版的霍格華茲──拉馬西亞青訓營（La Masia）成長茁壯，少年梅西在此通過無數試驗，身邊也總有一群好友與他攜手奮戰，也有許多師長幫助他準備好接受日益艱困的挑戰。

當然，這篇奇幻故事的劇情走向，多年來都是朝著完美大結局發展。截至今日（二〇一九年四月），梅西已經以球員的身分出戰三十三場決賽，並且在其中的二十三場捧起冠軍獎盃。你若想描述梅西在這趟足球奇幻之旅的進化歷程，就得不時找出你說故事的天賦，你得遠離死板的事實、數據統計、賽程日期與歷史紀錄，因為要描述梅西就得使用全新語言、換一種截然不同的論述，採用新穎創新的敘事方式，與他充滿創造力的球風相映成趣。

每當我跟好友說起我正在撰寫本書，好多人都問我：「你採訪他了嗎？你跟他見面了嗎？」我都會先回答：當然是……沒有。每一個記者都知道，要採訪梅西簡直難如登天。我接著會說我當然很想採訪他，但說實在，其實也還好。因為我個人所認識的梅西（其實就是我們所有人幾乎都認識的梅西），已無意間從一個貨真價實的人轉化為一部入木三分的虛構文學。而且這個梅西，是一個有血有淚、富有感情的梅西。每當他受傷倒下，我們都跟他一同受苦；每當他射破對手大門或捧起冠軍金盃，我們都在心裡給他一個大大的擁抱。矛盾的是，他的聲名越是傳遍全球、他的身影越是風靡世界，你會覺得跟他越親近，感覺起來也越有人性。而且如果你住在巴塞隆納，你就有機會去聽拉丁音樂會時遇見他，在阿根廷烤肉餐廳吃飯時坐他隔壁，或是發現他在劇院跟你一起觀賞里卡多達林（Ricardo Darín）的劇作。

事實上，我們對真實世界的梅西所知甚少，他總關起門來跟家人相處，不在我們的視線範圍之中。梅西偶爾會在社群媒體上分享照片——跟孩子在游泳池玩耍、在愛犬的簇擁下躺在沙發上睡午覺、跟妻子安東內拉（Antonella Roccuzzo）和幾名好友在遊艇上度假……但正如作家帕米斯（Sergi Pàmies）所言：「梅西是一個大謎團。」而我們總會運用想像力填補那神秘的空白。這就是為什麼梅西在場下的時間有多久、有多麼神秘未知，供球迷想像力馳騁的空間就有多大。我有時會找出梅西七歲時那些模糊的影片來欣賞，看他在羅薩里奧塵土飛揚的泥土地上，盤球戲耍其他小朋友。我每次都覺得他好像彼得威爾（Peter Weir）那部《楚門的世界》（*The Truman Show*）裡的男主角——他的生活被人拍攝記錄下來，好讓我們可以崇拜仰慕，有時還會對他感同身受，單純享受跟他同在的感覺。然後我又會想起他在二〇一一年一月獲頒第二座金球獎的那一夜。那年的頒獎典禮在蘇黎世舉行，入選前三名的還有隊友伊涅斯塔和哈維，這兩位大師前一年才助祖國西班牙風光奪下世界盃冠軍。梅西原本不覺得自己會獲獎，確信今年應該是沒望了，因此當名單揭曉、梅西走上台從瓜迪歐拉手中接過獎盃時，整個人瞠目結舌，一臉不敢置信的樣子。驚喜萬分的梅西致詞時還特別感謝了隊友。儘管整個頒獎過程可說是峰迴路轉，但其實包含伊涅斯塔和哈維在內的所有人，都知道這才是最合理的結果。

但在足球場上，創造者梅西總能一手掌控身旁的一切動靜，他可以毫無拘束、隨心所欲地表達自己、展現自己。他有時會恣意揮灑想像力，神奇把戲信手拈來，不僅總是出乎對手意料，甚至足以媲美科幻小說情節。他有時也會化身一部後現代小說，嘗試從大家熟悉的主題中另闢蹊徑。比如說他會從邊翼發難，沿著禁區邊緣殺入中央，施展精湛的盤帶技巧一連擺脫好幾名防守球員，直到他找到防守陣中的空隙。而就在此時，他的射門又會出乎對手（和我們）的意料之外，或左、或右、或剛猛爆射、或精巧狙擊、或瞄準橫樑、或挑過門將，但結局只有一個——破網得分。梅西有時也會擔任發動攻勢的組織者，跟中場的隊友互相搭配，他們踢的足球瞬間變成一齣精心編排的舞蹈，行雲流水、賞心悅目。RAC1電台的球評波烏（Joan Maria Pou）如此形容這些夢幻時刻：「一場情慾四溢的狂歡派對，所有人都有點在挑動自己的情慾。」

梅西在現代足球這個鏡中遊戲裡，註定成為超越時空限制的人物。他既親密又遙遠，束縛於戰術的桎梏，卻又展現無與倫比的自由，反映出他無拘無束的靈魂。我們的想像承載了一整個平行世界，而梅西親自灌溉、滋養了這個世界。說不定有一天，人們可以透過電玩遊戲或虛擬實境，憑空打造一個聯盟，將曾經縱橫足壇的歷代球星齊聚在此，打破時空的限制、超越時下流行的戰術，讓球迷見證不可思議的先發陣容，一睹歷代名將並肩作戰的風采。一九七〇年代的紐約宇宙隊（New York Cosmos）就曾在真實世界中做此嘗試，簽下了球王比利、足球皇帝碧根鮑華、阿爾貝托（Carlos Alberto）、尼斯肯斯（Neeskens）等等名將。我一想到以下榮景就垂涎三尺、興奮不已——由顛峰時期的比爾沙（Marcelo Bielsa）執掌帥印的阿根廷隊，以梅西為建隊核心，並挑選最理想的戰將輔其左右，包括阿迪列斯（Ardiles）、肯佩斯（Kempes）、雷東多（Redondo）、博奇尼（Bochini）等一眾名將，踢出既華麗耀眼又合理務實的夢幻足球。或是讓梅西與傳奇射手范巴斯滕（van Basten）兩支利刃在鋒線上雙劍合璧、直搗敵陣；或讓他跟蘇格拉底（Sócrates）和告魯夫攜手宰制中場、統籌全局；或與加林查和庫巴拉策馬狂奔、縱橫邊翼……我放任想像力馳騁，在心中模擬這些可能性，過去、現在、未來混雜交錯、合而為一。我由衷渴望見證這些盛況，但也很快就回到現實，豁然明白過來——梅西身邊的戰友如果是哈維、伊涅斯塔、皮克（Piqué）、布斯克茲、阿爾維斯、馬斯切拉諾、阿比達爾（Abidal）、巴爾德斯、普約爾、小羅納度、比利亞、德科等等球員又怎麼樣呢？我的意思是說，梅西跟他這些好友，不是早已提供我們盡情揮灑想像力的機會了嗎？甚至更進一步，在我們面前實現這些想像？想像所至，金石為開！

第十九章 刺青

足球員大多不擅言詞可說是眾所皆知，但他們的肌膚簡直像一本攤開的書，供人翻閱瀏覽，書中內容未必有趣就是了。我們究竟是從什麼時候開始，將足球員身上的刺青視為渾然天成的裝飾，自然而然地襯托出球員的個人形象？綜觀一切線索，我們可以推論這股刺青旋風自英國颳起。但就我所知，貝斯特（George Best）和蓋斯科因（Paul Gascoigne）這兩名卓爾不群的叛逆英國球員代表，球員時期都沒有在身上刺青，至少沒刺在大家看得到的部位。馬拉度納沒有。告魯夫也沒有。說起來連紐西蘭的橄欖球傳奇巨星羅姆（Jonah Lomu）為黑衫軍（All Blacks）效力時，也沒有紋上任何毛利圖騰，而他可是貨真價實的毛利戰士。這些球員大多是到了一九九〇年代才在身上刺紋弄墨的，那時許多年輕一輩的球員開始把刺青藝術當作身體上的裝飾，替自己增添一點個人特色。話說這股風潮開始流行的時間點，恰巧與色情影星開始用刺青妝點身體的時候重合，但這大概是另一回事了。

談到不論在場上場下都桀驁不馴的叛逆球員，不少球迷的心中大概會浮現一九九〇年代初期效力曼聯（總是硬要把球衣領口上翻）的坎托納（Eric Cantona）。他那時確實有一個刺青，但從不展示給大家看——心口上刺了一顆戴著羽冠的印地安酋長頭。這個部落圖騰象徵領袖氣概、奮鬥精神和對子民盡心盡力的承諾。以今日的標準來看，這個美洲原住民圖像略嫌簡陋，但或許正是坎托納胸口的這個刺青，呼召了跟他共享一間更衣室的隊友貝克漢走上刺青這條道路。而貝克漢正是讓刺青一舉成為發聲媒介的先驅者，是他讓刺青成為球員跟球迷之間建立連結的管道，彷彿在說：我在這裡！快看看我！

有些足球員總能引領潮流。他們率先做出某些創舉後，足球場上的同行突然之間也都群起仿效，跟他們穿一樣的穿搭、梳同一個髮型，或看一樣的電視影集。貝克漢正是那引領潮流的先驅者，他開始刺青之後，世界各地數以百計的足球員，幾乎在一夕之間紛紛開始將自己的每一吋肌膚都變為畫布，刺上細緻的花紋、盾牌、十字架、拉丁文字句、以羅馬數字呈現的日期、聖經經文、中文字、迪士尼卡通……你想得到就有人刺。當然，那些一頭熱地栽入潮流的先行者之中，不乏有人犯下荒謬的拼字錯誤而貽笑大方。更有些熱血過頭的球員，為了取悅球迷將球隊的隊徽紋在身上，確信這樣一來就能永保忠貞、至死不渝（沒錯，結果賽季結束就被轉會了）。

這些年來梅西的形象風靡全球，他本人對刺青的熱衷也是逐年增長，身上刺青的數量越來越多，圖案也越來越精緻。假如你想縱覽梅西身上刺青的發展史，隨手翻開一本英國小報就對了，這類媒體經常動用頗大的篇幅向讀者報告偶像又在身上刺了什麼圖案。但梅西通常都把解釋圖案寓意的任務，交給他的私人刺青師洛佩斯（Roberto López）負責。梅西的第一個刺青就跟家人有關，他將母親西莉亞的頭像刺在左肩胛骨的位置，從那裡靜靜地看著我們。她的臉有種聖人形象，彷彿一個受苦的母親。

梅西還在右手臂上紋了一個充滿象徵意義的複雜圖案，可以稱做「兩個世界」。一方面，他在手臂外側紋上了建築師高第（Gaudí）的曠世巨作——聖家堂（Sagrada Família）的精緻雕飾，靈感源自於教堂「誕生立面」的主玫瑰窗，以此圖形紀念歡迎他到來的巴塞隆納；這些教堂雕飾旁還刺有一朵蓮花，據日本傳統說法，這種蓮花不論在何地何方都能生長茁壯；除此之外還紋了一隻錶，代表時間的流逝；這些圖案的背景還可以看出歐洲和南美洲地圖，是與梅西個人最有連結的兩片土地。另一方面，梅西也在右手臂內側刺了一串天主教念珠，以諧音紀念他出生的城市——聖塔菲省（Santa Fe）的羅薩里奧；還刺了一個花苞代表他的大兒子蒂亞戈（Thiago）。往上一點到肩膀肌肉的位置，梅西刺了釘在十字架上的耶穌基督，通常藏在球衣的袖子之下。這個基督圖像非常寫實，耶穌頭上戴著荊棘冠冕，額頭兩側流下汩汩鮮血，湛藍的雙眼炯炯有神。梅西肩膀上的刺青實在是栩栩如生，彷彿想藉基督受難的圖像替許許多多慘不忍睹的刺青贖罪——這個世界充斥太多粗略醜陋的刺青，簡直是對藝術的污衊褻瀆，而且罪犯之中不乏梅西的球迷。球迷的背上、腿上、手臂上，刺了無數穿著巴塞紅藍球衣或披著阿根廷藍白戰袍的梅西，可能以慶祝進球的姿態示人，也可能正在捧起獎盃，或孤伶伶地帶球奔跑……

若觀察梅西身體左側，我們會發現他的左腿這些年來簡直被他當作一幅畫布，在其上重複作畫。多年前蒂亞戈才剛出生時，梅西按真實比例在小腿肚紋上了新生兒子的手掌，後來還用一顆長了翅膀的愛心把兩隻手掌圍了起來。梅西的左脛則刺上了一把利劍，利劍兩側分別是一顆足球和十號。梅西輸掉二〇一六年美洲盃後情緒失控、大受打擊，恰恰就是這個時候，他決定把頭髮染成金色，或許是顧及整個人的顏色平衡，他也把整隻左腳從膝蓋以下都刺成黑色，彷彿套上了一隻長襪，前側只留下那顆足球圖案和他的十號背號，後側則在兒子雙手的位置留白，顯得更加突出。這黑不是哀悼的黑，梅西只是想變得更加凶猛強悍，令人聞風喪膽。刺青師洛佩斯如此宣布：「如今他成為毛利戰士了。」

梅西最新的刺青比較曖昧內斂，他刺上了妻子安東內拉的紅唇，而且一口吻在他的腰際。夫妻兩人分別在社群媒體上張貼了這個刺青的照片，你如果想進一步解讀，可以說這個刺青反映出梅西身為公眾人物的進化史——現在的他更開放、更願意將自己攤在眾人眼前。只不過這次還帶點風流韻味，展現他前所未見的一面。

當然，說不定他背後其實有個形象顧問幫他出主意。這個世代完全不刺青的球員越來越少了，比如說伊涅斯塔、羅貝托、哈維、特史特根（Ter Stegen）等等。出乎意料的是，C羅也沒有刺青，不過他做此決定可能出自於他亟欲炫耀自己的心態，畢竟他每次射進關鍵入球都要袒胸露背，向世人展示他健美的肌肉，刺上任何圖案都好像在米開朗基羅的大衛像上胡亂塗鴉。

第二十章

我記得

我記得梅西最初開始踢球時，就讀的學校叫Malvinas Argentinas，這所學校今日還在。

我記得伊布拉希莫維奇曾在訪談中表示：「如果有一天他們把金球獎頒給我，我隔天一早就會拿去寄給梅西。」

我記得二〇〇六年在巴黎舉行的歐冠盃決賽，巴塞隆納力壓兵工廠奪冠後，梅西沒有上台領取獎牌，也沒有跟隊友一起捧盃慶祝。他當時因傷被迫休戰兩個月，未能即時康復參與這一戰，因而傷心不已。

我記得梅西跟著父親在二〇〇〇年來到巴塞隆納時，他們住在西班牙廣場（Plaça d'Espanya）加泰羅尼亞廣場飯店（Catalonia Plaza Hotel）五四六號房。此後不時會有球迷前來朝聖，特別要求住進這間房間。

我記得馬德里競技後衛佩尼亞（Pernía），如何慘死在阿根廷同胞梅西的腳下，被他用犀利的假動作無情摧殘——梅西在中場持球，突然間身體虛晃一下，連球都沒碰就把佩尼亞整個人晃到腳步踉蹌、破綻大開，只得眼睜睜任憑他長驅直入。梅西逮住空隙直線奔襲，接連閃過三名守軍、起腳射門，可惜最後皮球打在橫樑上彈出。多年後佩尼亞在電視節目中透露，當晚他回家後，老婆還問他：「梅西對你做了什麼？」他回答：「我哪知道，妳跟我說才對吧，至少妳看得清楚他的動作。」

我記得梅西獲頒第三座金球獎時，跟同樣入選最終三人名單的好友哈維分享這個獎盃。「你的表現也值得拿下這座獎盃，跟你在場上並肩奮戰是我的榮幸。」他說。

我記得梅西在一場對上曼城（Manchester City）的歐冠盃比賽中，以一記跨下過人戲耍對方後衛米爾納（James Milner），輕巧靈動、驚天動地。我記得坐在諾坎普球場觀眾席的瓜迪歐拉不可置信地雙手掩面，彷彿看到了幻覺。

我記得很久以前聽過一個小故事。梅西六歲時在家鄉球隊踢球，當時的球隊教練為了獎勵這些小球員，跟他們約法三章——每踢進一球就送他們一個阿根廷人稱為「alfajores」的夾心餅乾，而且如果是用頭頂進的，還可以多拿一個。於是梅西多次盤球過掉守門員，直接把球帶到球門線，如果有足夠的時間就會停下身來，把球挑起然後用頭頂進球門，如此一來就能領取兩個夾心餅乾了。

我記得他連過五名赫塔菲守將、射進那顆璀璨耀眼的進球，幾乎完全復刻了馬拉度納在一九八六年墨西哥世界盃對英格蘭的那顆世紀進球。兩個月後，梅西又一次以實際行動向這名阿根廷全民偶像致敬。這次他在一場對西班牙人的比賽中，用手將球碰進球門，瞬間喚醒了舉世球迷對馬拉度納「上帝之手」的記憶。

我記得哈維談到梅西對赫塔菲那顆舉世聞名的進球時，曾笑稱這球的助攻應該計在自己頭上，儘管梅西接獲他的傳球時，距離球門還有五十五公尺之遙。

我記得除了在阿根廷國家隊的首戰苦吞一張紅牌外，梅西整個足球生涯從未被判罰下場。

我記得梅西逃稅罪名成立、遭法院判刑二十一個月。我記得我們得知他不必入獄服刑，只消支付鉅額罰金時，全都鬆了一口氣。

我記得歐冠盃四強戰，巴塞進軍史丹佛橋球場（Stamford Bridge）征討切爾西的那一役，伊涅斯塔如何轟進石破天驚的關鍵一擊，也記得這球得歸功於梅西的助攻。梅西當時拿到球，試圖尋找空隙一槍斃敵，但三名防守球員把他的射門路徑堵得密不透風，而且他的位置也只能用較不擅長的右腳射門。於是他靈光一閃，將球交到伊涅斯塔腳下，而伊涅斯塔也把握機會、破網建功。

我記得有一次梅西上演精彩絕倫的個人秀後，阿根廷體育日報《奧萊》把報社名稱改成了《李奧》日報，持續了一整天。

我記得一位年輕的喀麥隆中後衛跟梅西同名，也叫萊納爾．梅西，他跟法國第二級地方聯賽球隊波提（AS Portet）簽約時，當地媒體忍不住寫出「波提簽下梅西！」的頭條新聞。

我記得那名阿富汗小男孩，用塑膠袋做成阿根廷國家隊球衣、還在背面用原子筆塗上十號背號和梅西的名字。他很快就受邀前往諾坎普球場，觀賞一場巴塞對上阿赫利（Al-Ahli）的友誼賽，梅西還送他一件真正的球衣。

我記得NBA勇士隊（Warriors）當家球星柯瑞（Stephen Curry），在一場與拓荒者隊（Trail Blazer）的關鍵戰役前夕，以梅西精神激勵自己奪下勝利。

我記得梅西很享受他的睡眠時間。

我記得梅西至今尚未在開角球時直接射進球門，他試過好幾次，可惜門柱和門將總是從中作梗。當然，在練習時成功過很多次。

我記得他十七歲時跟其他幾名球員替耐吉拍的電視廣告，廣告最後他射進自由球後，對著鏡頭說：「記住我的名字，李奧．梅西。」我也記得桑托斯（Jonathan dos Santos）也在這部廣告中亮相。

我記得巴塞隆納在二〇〇九年風光拿下三冠王後，全隊遊街慶祝，與巴塞市民同歡，球員都灌了很多啤酒。酒後微醺的梅西在諾坎普球場許下豪言壯志——戴著一頂毛帽的他搶過麥克風，向球迷承諾球隊將奪下明年的所有冠軍，一個獎盃都少不了，聽得瓜迪歐拉雙手掩面。

我記得梅西不跟巴塞簽下新合約時，轉會傳言甚囂塵上，當時看起來好像什麼都有可能發生。我不禁思考他前進曼城投效瓜迪歐拉麾下的可能性，這支英超豪門還有貝吉里斯坦（Txiki Begiristain）和索里亞諾（Ferran Soriano）等人在幕後運籌帷幄，那時我真的相信梅西總有一天會轉投曼城陣營。

我記得讀過一篇報導，說梅西一家人相處時，兒子蒂亞戈有時會直接叫他梅西而不是爸爸。

我記得阿根廷演員里卡多・達林曾娓娓道來梅西擔任他一日計程車司機的趣事。當時達林恰好在巴塞隆納，在阿拉貢街（Carrer d'Aragó）過馬路時，突然聽到一台車對他按喇叭，達林走近一看，發現駕駛正是梅西。梅西邀他上車，把他送到當時下榻的旅館。

我記得布萊恩（Kobe Bryant）替美國男籃出征時，特地披上十號球衣，以此舉「向我這輩子見過最不同凡響的運動員——梅西致敬」。

我記得比拉諾瓦在二〇一四年四月與世長辭時球員有多悲痛，記得他們如何在喪禮上流淚哭泣。幾天後，我們才知道梅西在比拉諾瓦逝世前沒多久才剛去探訪他，而比拉諾瓦在生命的最後時刻，仍在說服梅西把足球生涯餘下的歲月都留給巴塞隆納。

第二十一章

世界盃

二〇一四年夏天的巴西世界盃決賽，阿根廷在馬拉卡納體育場（Maracaná Stadium）惜敗德國。在此之後的四年間，我們梅西球迷總在自欺欺人，一廂情願地放眼下一屆世界盃，不斷問自己：俄羅斯會不會是梅西登基世界之巔的榮耀之地？我們能不能在二〇一八年七月十五日，再度見證這位球場上的小個子在世界盃決賽的戰場上奮力一搏？我們的「梅西病」已病入膏肓、無可救藥。其實我們的內心深處再清楚不過，梅西每次身披阿根廷國家隊戰袍作戰，招致的情緒往往只有焦慮和挫折。梅西成為國家隊歷史進球王已有好一段時日，而且鶴立雞群、進球數遙遙領先其他同胞好手。但整體來說，梅西身披藍天白雲球衣出征的經驗，仍是苦樂參半。自從阿根廷在一九八六年的墨西哥世界盃奪下冠軍，每一位阿根廷球員都渴望成為下一個馬拉度納。但某種程度上來說，梅西以十九歲之齡就已被眾人視為馬拉度納的接班人，對這樣的球員來說，他又是什麼樣的心情呢？

事實是阿根廷舉國人民都將希望放在這名巴塞隆納潛力新秀身上，但一年又一年過去了，他們原本就過分的期望逐漸化為更加誇大的失望。更慘的是，阿根廷國內主導體育意見的重量級人物往往在旁搧風點火，馬拉度納本人在電視台擔任球評時便是如此，在抨擊梅西這方面可說是當仁不讓。我再舉一個例子，以下段落節錄自阿根廷作家卡帕羅斯（Martín Caparrós）替哥倫比亞雜誌《SoHo》撰寫的一篇文章。這篇文章於二〇一一年刊登時，阿根廷正在承受週期性幻想破滅的煎熬，整篇文章讀來活像替整個國家進行的精神分析診斷。在這篇名為《怒斥梅西》（*Diatribe against Messi*）的文章中，卡帕羅斯半諷刺半自嘲地批評梅西為人太和善了，是個好好先生，並表示梅西若想活出阿根廷人的本色，就該學會怎麼當個暴戾的惡棍。美洲盃賽事開打前夕，那種專門報導低級八卦新聞的媒體，寫了些文章說梅西在布宜諾斯艾利斯的豪宅中放鬆自己，為他拘謹克制、內斂自守的形象增添了一點狂野的形象。而卡帕羅斯想從這件事找到一絲樂觀的理由。但他同時又寫道：

（梅西）為了不再當侏儒離開了祖國，他成長茁壯的唯一途徑就是逃離，但他又是那麼慷慨大度（且無趣），仍努力想當一個阿根廷人。

他盡力去當一個阿根廷人，全球三十億球迷也說他是阿根廷人，只有我們這些原可好好當他同胞的人，對這件事仍有所質疑。他從未點燃我們的愛慕之情，也無法讓我們對他產生親密之感，因為梅西擅長在離家十萬八千里的土地上帶球上演芭蕾舞式的精緻舞步，然後很幸運地，在世界盃時回到我們身邊。當然，他願意為阿根廷踢球讓我們與有榮焉——畢竟讓我們阿根廷人感到榮耀萬分很簡單，幾乎跟讓我們哀嘆抱怨一樣容易——但這情緒其實假到不行，而我們彷彿害怕別人隨時都會識破我們的虛偽。

要忽略這一大堆媒體噪音恐怕不甚容易，更何況這類意見通常都善於挑動讀者的情緒。梅西說話仍帶有家鄉羅薩里奧的口音，而且儘管住在巴塞隆納，仍很想念羅薩里奧，但這樣還不夠。總有人會找到理由批評他——可能是為國家隊出賽時沒有唱國歌，可能是披上藍白戰袍時沒有展現澎湃的熱情，也可能是為國奮戰時不夠拚命。

歐洲球迷，尤其是巴塞隆納球迷，實在難以理解如此惡毒、充滿怨懟的心態。在我們看來，那些阿根廷球迷根本不懂梅西的好，看梅西的比賽也沒我們看得多。我們直接就認定身處遙遠南美洲的阿根廷人，絕對不可能像我們一樣日日追蹤梅西的一舉一動，欣賞評斷他超凡入聖的個人特質以及他多年來持續上演的卓越表現，而且水準之高震古鑠今、冠絕群豪。阿根廷人似乎缺少巴塞球迷那種死心塌地的信心，是多年來看梅西表演所建立起來的絕對信仰。我們總有股預感——只要梅西在場上，我們通常都會拿下勝利。我這樣說可能有點傲慢，但我看梅西踢球的場次，很可能超過絕大多數的阿根廷球迷（每個賽季最不濟也只會錯過一、兩場比賽），儘管在這個全球化的時代，距離與時差早已不是藉口。

阿根廷人無視所有證據、對梅西缺乏信心，其實背後蘊藏著他們對旅外球員的一絲蔑視——而且這往往與阿根廷足協毫無章法的胡亂規劃相映成趣。他們似乎一籌莫展，完全不知道去哪裡找一位能讓梅西盡情發揮天才本色的主帥。他們究竟該怎麼做？是以梅西為核心，替他打造一支球隊呢？是賦予他無限的權力呢？還是把他當作普通球員看待？有些人試圖從阿根廷陣中找出哈維、伊涅斯塔、布斯克茲的替代人選與梅西搭配，但他們就是搞不懂，整支球隊的足球哲學才是關鍵。最近一位放手一試的教頭是桑保利（Jorge Sampaoli），他用一句話總結了阿根廷國家隊必須解決的問題，事後證明此言簡直一針見血：「我們必須達到梅西的水準。」（而出征俄羅斯世界盃的那支阿根廷隊沒有達成這個目標，細節我們等等再談。）

每一位教頭都想創造贏球的理想條件，但或許這些條件必須從足球以外的地方找起，且要考量當時的處境。但這些條件至今仍未湊齊，現在更可能永遠辦不到了。

舉例來說，梅西率領的阿根廷在二〇一六年敗給智利，痛失美洲盃決賽後（梅西自己在生死攸關的點球大戰中射失十二碼點球），他便決定改變自己的形象，我覺得這是他刻意為之的。決賽結束當晚，梅西在回答電視記者的提問時一時衝動，竟拋下退出國家隊的震撼彈。「我覺得我不適合繼續踢國家隊，很遺憾，我拚過了，這是我最渴望的，但都行不通。就這樣。」他悲痛地說道，心意已決。話雖如此，一個半月後梅西又透過媒體宣布他改變主意了：「我太愛我的國家和這件球衣了。」阿根廷舉國上下都鬆了一口氣。在此同時，梅西把頭髮染成白金色，幾週後又在他最致命的左腿紋上新刺青。

可惜現實世界的戰績沒能反映出這股氣勢，至少國家隊戰線實在乏善可陳。阿根廷進軍俄羅斯世界盃的晉級之路走得跌跌撞撞，歷經兩度臨陣換帥，一直踢到最後一場才驚險擠進世界盃。而從最後幾場比賽可以輕易看出，梅西繳出的表現，總能讓祖國的報章記者和大眾媒體表現得像精神分裂症患者。阿根廷在九月的資格賽中勉強逼平委內瑞拉，這才保住晉級世界盃的一線生機。《奧萊》在賽後狠批：「梅西踢得掙扎，我們因而受苦。」然後繼續說：「整場比賽一無是處。阿根廷竟連逼平委內瑞拉都顯得吃力，全隊上下恍若一灘死水，毫無反應能力。梅西也踢得不像梅西。」資格賽踢到最後一場，阿根廷已走投無路，再走錯一步便會墜入萬丈深淵，還要遠赴海拔高達三千公尺的基多（Quito）力戰厄瓜多。那一役，梅西上演精彩絕倫的帽子戲法，一個人扛起進攻大旗，率領背水一戰的藍白軍團以三比一力克對手。《奧萊》隔天就以斗大的字體佔滿整個封面頁：「梅西，真阿根廷人。」內頁接著寫道：「神的領域。」

當天晚上確定晉級世界盃後，主帥桑保利直言：「足球欠梅西一個世界盃。」梅西本人在幾週後也重申了這個說法，他接受《號角報》（*Clarín*）訪問時表示：「我希望足球把欠我的都還我。」

其實他這句話聽起來比較像是最後通牒，或說是一名沙場老將的垂死吶喊——他明白自己大概不會有下次機會了。一個足球員的職業生涯通常只夠挑戰四屆世界盃，畢竟四屆賽事就要橫跨十六年歲月。綜觀足球歷史，參加過五屆世界盃的球員僅有四名。其中包括德國的馬特烏斯（**Lothar Matthäus**）、墨西哥的卡瓦哈爾（**Antonio Carbajal**）、義大利的布馮（**Gianluigi Buffon**），只不過這名義大利門神第一次出征世界盃時一場都沒有出賽。除了上述三人，還有這屆俄羅斯世界盃新出爐的五屆元老，墨西哥球員馬奎斯（**Rafael Márquez**）。在俄羅斯世界盃之前，馬拉度納是唯一出征過四屆世界盃的阿根廷球員。而且他一九九四年在美國的最後一次世界盃之旅，因藥檢沒過戛然而止，基本上也吹響了他告別足壇的熄燈號。阿根廷足壇人才輩出，因此國家隊每四年都會歷經汰舊換新的過程，簡直是從頭到腳重新打造一支新球隊，能跨屆出戰世界盃的球員少之又少。或許國家隊名單頻繁的更動，多少也和來自新聞媒體和社群網絡的壓力有關。綜觀上述因素，遠赴俄羅斯第四度競逐大力神盃的梅西和馬斯切拉諾更顯難能可貴。

如果仔細檢視過往戰績，你會發現梅西在俄羅斯世界盃之前，表現其實一屆比一屆優異，可說是奪冠熱門（個人聲勢勝過阿根廷隊整體的聲勢）。梅西參與的第一屆世界盃是二〇〇六年的德國世界盃，當時身披十號戰袍的是中場前輩里克爾梅。梅西在這屆世界盃的上場時間都很短，總共只射進一球，阿根廷最終在八強戰遭德國淘汰。二〇一〇年的南非世界盃由馬拉度納執掌阿根廷帥符。這一年梅西披上了十號戰袍，而且場場出賽，但他踢來綁手綁腳，在場上的影響力微乎其微——整個賽事他一球都沒有踢進，著實令人訝異。這屆世界盃阿根廷又遭德國淘汰，再度止步八強。阿根廷在二〇一四年的巴西世界盃是奪冠大熱門，梅西也率領藍白大軍過關斬將、闖入決賽，而且一路上信心滿滿，梅西自己也射入四球。眼看捧起大力神盃的一刻已近在咫尺，可惜最後功虧一簣，在決賽敗下陣來。你猜這次被誰淘汰？沒錯，又是德國。對阿根廷來說，這屆俄羅斯世界盃的頭號公敵絕對是無堅不摧的德國坦克，而且應該盡量避免在八強戰強碰德軍。因此德國在小組賽慘遭淘汰時，全阿根廷的人都鬆了一口氣，奪冠之路看來是更好走了。可惜阿根廷仍有一個很大的問題——他們自己也踢得不怎麼樣，隊友跟梅西完全搭不上線。阿根廷在小組賽的三場比賽，先是跟冰島打平，接著慘遭克羅埃西亞屠殺，最後才靠著一顆決殺球險勝奈及利亞、挺進淘汰賽。梅西在最後這場關鍵戰役中射進一記耀眼奪目的絕佳好球，完美結合他精湛的停球技術、靈敏的走位嗅覺和迅捷的奔跑速度。光靠梅西這顆進球，阿根廷就重新回到了觀眾的目光焦點，讓我這種狂粉天真地以為阿根廷當真有機會奪下世界盃，單純因為「梅西值得拿一座冠軍」。

在這場比賽的幾天前，阿根廷作家帕斯基尼（Gabriel Pasquini）才剛在《紐約書評》（*New York Review of Books*）網站上發表了一篇文章，描述祖國同胞每到世界盃賽事期間總會抱有極高的期待，並從國家的歷史脈絡切入，從中解釋阿根廷人懷有這種心態的背後緣由。簡而言之，阿根廷在一八八〇年到一九三〇年的黃金年代，是全球第十大經濟體，首都布宜諾斯艾利斯更有南美巴黎的美譽。然而阿根廷在一九三〇年代陷入危機、舉國動盪，使得國家元氣大傷，而且至今仍未復原。正因如此，今日的阿根廷人仍在苦苦等候一名英雄豪傑橫空出世，挺身帶領全體國民重返當年的榮耀。帕斯基尼因而認為，阿根廷人每當審視自己的祖國，總在「無力的宿命感和魔幻式的想像之間」來回擺盪。曾有一段時間，馬拉度納替阿根廷人擔任了這名英雄，現在飾演這個角色的人選非梅西莫屬了。

其實我們甚至可以說，因為梅西神奇的球風，阿根廷人往往將他們的魔幻式想像投射在他身上，對他有一種建立在情緒與非理性激情之上的期望。但也正因如此，他也比誰都能承載整個國家悲觀的宿命感。比如說梅西在第一場比賽對陣冰島時射失一記十二碼點球後，這種註定失敗的宿命感馬上席捲而來。這次失手讓阿根廷錯失了一場勝利，因此墜入負面情緒的陰霾之中。

馬拉度納當時親臨現場觀戰，但他完完全全是幫倒忙——身材臃腫、大吵大鬧又精神恍惚，恍若當年日薄西山的貓王。德國落後墨西哥、眼看就要苦吞敗仗時，轉播球賽的攝影機沒有轉向馬特烏斯，呈現他叼著一根哈瓦那雪茄吞雲吐霧的跩樣；巴西被比利時淘汰出局時，鏡頭也沒有拍到坐在貴賓包廂的比利，如何揮舞雙手大聲吼道：「真是一群廢物！」但馬拉度納就是會出現在你我的電視螢幕前，提醒阿根廷人這位球星曾替他們帶來榮耀，也為此付出代價。

當然，賽後有一大部分的媒體又回到他們的週期性模式，追究剖析桑保利和子弟兵犯下的錯誤，有時甚至揚言要用暴力手段懲治這些殘兵敗將。除了怪罪梅西個人的跌宕波折，阿根廷人其實也能推說他們之所以止步十六強，是因為不幸強碰最後奪下冠軍的王者法國隊，而另一場敗仗的對手克羅埃西亞也貴為亞軍，是法國在莫斯科決戰中的對手。總覺得這兩支隊伍跟梅西和他的一眾戰友交手後，彷彿打了一針強效劑，助他們在本屆世界盃披荊斬棘。況且這屆世界盃踢出的足球水準本就差強人意，黯淡無光。

談到這裡，我們該回到本章最初的提問——兵敗俄羅斯之後何去何從？阿根廷遭法國淘汰出局後，馬斯切拉諾就宣布從國家隊退休了。相反地，梅西沒怎麼談到他未來的規劃就去度假了，彷彿是藏了一張王牌，替自己留有後路。他不太可能這麼早就在思考出戰下一屆卡達世界盃的可能性，二〇二二年還跟這座沙漠中的城市一樣遙不可及，但他或許已將目光投向即將在巴西磅礴登場的二〇一九年美洲盃戰事。畢竟這也是梅西少數尚未稱霸的賽事之一。

二十二章

永垂不朽

英國文壇巨擘艾米斯（Martin Amis）曾如此評論納博科夫文學造詣的衰退：「每位作家都會經歷兩次死亡——一次是肉體的死去，另一次是文學才氣的衰亡。」這個比喻幾乎可以原封不動地套用在足球員身上：「每位足球員都會經歷兩次死亡——一次是肉體的死去，另一次是足球技藝的衰亡。」那天終會到來，儘管腦袋還能奮勇應戰，雙腿和身軀卻已欲振乏力，再也無法像從前那樣效率卓絕地執行頭腦下達的命令了。

因此，隨著足球員的技藝——他們在場上的文學才氣——逐漸凋零，第一流的球員就會改變自己的球風以適應新的情勢，顯強項、避弱項，將自己尚未退化的能力發揮得淋漓盡致。他們可能會轉戰節奏較慢的聯賽（也仍舊能為球隊提供絕佳戰力），又或者選擇急流勇退，趕在退化為弱化版的自己並淪為笑柄前，優雅地鞠躬謝幕。沒有什麼比歹戲拖棚的告別更教人黯然神傷了，總逼著球員感嘆：「肉身可悲，嗟乎！此生再無進球。」

曼聯傳奇坎托納年僅三十就卸甲歸田了，離開足壇後踏入了影劇圈。他曾向法國的《隊報》（*L'Équipe*）說明他退休的決定：「我天生就很有好奇心，每天都要找到新事物讓我去探索，就算是最簡單的東西也好。就是因為我對事物常保好奇心，人生才有所進展。」但許多足球員只有對足球才能常保好奇心，他們一輩子都在足球的小世界裡奮鬥打拚，退休後自然也想找到不必完全割捨足球的生活方式。最直覺的做法當然是考取教練執照，如此一來就能繼續踏上球場、繼續走進球隊更衣室，最高調的做法則是上電視台當球評，不過能言善道的球員其實不在多數。除此之外當然還有其他條路可以走。義大利名將巴吉歐（Roberto Baggio）先是拿到了教練執照，後來皈依佛教，現在經常投身人道援助活動；不久前，原本不甚有名的前曼聯球員穆連尼（Philip Mulryne），因晉鐸成為神父登上了媒體版面；羅馬里奧現在是里約熱內盧州的聯邦參議員；三度獲選非洲足球先生的維阿（George Weah），在二〇一八年一月選上祖國賴比瑞亞的總統。

梅西不踢足球之後會做什麼呢？或許現在討論太心急了，一切都言之過早，我們應該先想想他的足球生涯會在哪一隊落幕。依照梅西最近與巴塞隆納簽署的新合約（球迷極盡煎熬地苦等這張合約數個月，簡直度月如年），他將替巴塞效力至二〇二一年六月三十日，屆時他將剛滿三十四歲，算下來每季能賺進三千九百四十萬歐元。我拿出日曆掐指一算，不禁煩惱了起來——我們真的只剩三年時光可以欣賞他在場上表演了嗎？但轉念一想，其實現在擔心這些還太早，還沒到遺憾惋惜的時候。此時此刻大概比較適合想像梅西這幾年能踢出怎樣的足球、想像梅西還能向世人展現怎樣的一面，並預測身體條件開始退化後，他和球隊將如何改變踢法、找出因應之道。我有位朋友就一口咬定梅西遲早會轉型成哈維那種球員，在中場區域盤據一方，不必太常衝鋒陷陣，但仍能將他洞悉全場的視野和百步穿楊的傳球發揮得淋漓盡致。

其實我也會往另一個極端想——每當我想到梅西跟巴塞隆納簽約至二〇二一年六月三十日，我不禁會聯想到下一屆的卡達世界盃距離這個日期也不過一年之遙。說不定梅西還會再披甲出戰一屆世界盃呢，如此一來，不論最終能不能舉起大力神盃，他揮手告別足壇的時刻又會推延至賽事落幕之後了。而且如果他想在世界盃開打前積極備戰、維持最佳體態，中間這一年他勢必得效力一支球隊。這就讓我們想到，梅西的未來還有一個懸而未解的疑問——他會不會回阿根廷，替兒時俱樂部紐維爾舊生隊效力？這絕對會是令人熱淚盈眶的鳳凰歸巢，多年前他也確實表達過此意願，但現在看來可能性極低。

除了情感上的滿足，梅西沒有任何重返故隊的理由，而經歷俄羅斯世界盃的挫敗之後，梅西對祖國阿根廷的情感存量大概墜入了歷史新低。正如阿根廷籍教練卡帕（Ángel Cappa）所言，梅西太常被當作國家隊的代罪羔羊了，一個人要扛起整支球隊的罪責，久而久之讓他心力交瘁、消磨殆盡。況且，現在越來越少有球員能從初次登場到掛靴退休都效力同一家球會、整個職業生涯從一而終。梅西若能單單效忠巴塞隆納，也算達成一項不可多得的成就。

讓我們回到最初的問題——梅西不再踢球之後會做什麼呢？梅西有許多天賦是得天獨厚、與生俱來的，無法授予後人傳承下去。老實說，我也真心不覺得他會成為運籌帷幄的足球教頭。套一句阿根廷人常用的說法——活過葛戴爾（Gardel）的一生後，後半生能失去的總比能獲得的多。我也不覺得梅西會成為告魯夫那樣的哲人導師，經常讓人前來詢問他的意見，而他也總會啟發我們、告訴我們那些球員最優秀、哪些做法最恰當。

曾退休兩次的籃球之神喬丹（Michael Jordan）說過，想打球的慾望永遠不會消失。這大概就是為什麼現在有不少能讓沙場老將盡情揮灑最後年華的賽事，現已成為商業足球的另一種型式。我這群死黨跟你那幫好友一較高下，彷彿重返兒時踢球的歲月——還要猜拳決定誰帶球來、由誰開始挑人組隊。老將與一眾老戰友、舊對手久別重逢，一邊交手一邊追憶昔日的大小戰役。小羅納度便是佳例，他足球生涯的最後幾年效力墨西哥球隊克雷塔羅（Querétaro）和巴西球隊富明尼斯（Fluminense）。他在這種比賽中踢得如魚得水、怡然自得，彷彿早已習慣這種跟沙場老將踢球的模式，時時展示他華麗而細膩的控球絕技、次次上演顧左傳右的欺敵妙傳。

還有很重要的一點，梅西跟阿迪達斯簽署了他唯一的一張終身合約，而阿迪達斯找梅西代言的價碼從未對外公開。因此我們可以想見梅西退休後，他仍會保有現在的形象，是我們在他最光榮的黃金歲月中形塑出來的。我們大概還是會不時在各類廣告上、在他基金會舉辦的慈善活動中看到他的身影——他為公義善舉奮鬥的少年形象將永續長存。

我們又該怎麼接受他再也不會在足球場上奮戰的事實呢？尤其走下諾坎普球場最是

令人黯然神傷。或許詩人奧登（W.H. Auden）為了悼念詩人葉慈（W.B. Yeats）所寫的詩句最能幫助我們釋懷：「他化為他的仰慕者。」我確信梅西掛靴退場之後，每到重要的日子，「梅西、梅西、梅西、梅西！」的呼喊聲仍會響徹諾坎普球場，以此紀念這名巴塞傳奇。呼喊他的名字彷彿成了一種讚揚其他球員的方式，或以此紀念過去的豐功偉業。而且如果梅西本人也在看台上共襄盛舉，我們就更有理由大聲呼喊他的名號、熱情紀念他了。

我們也可以很有信心地說，即使球場上再已找不到梅西的身影，他仍舊會一直在你我的記憶中邁步踢球。他走下球場之後，留在場上的殘影會存續多久？這些年來打遍天下、奪冠無數的巴塞黃金世代，隊友之間的搭配可說是精緻細膩、絲絲入扣，行雲流水的球風以相同的模式重複上演，深深烙印在我們的腦海中，閉著眼睛都能看見球員的走向和皮球的流動方式。如果我在電台上聽比賽播報，球評普亞爾（Joaquim M. Puyal）說梅西送出一記越過所有防守者的長傳，傳到阿爾巴腳下，我腦中馬上就會浮現無數相似的畫面，彷彿親眼目睹這記傳球。其他的傳球自然也是同樣的狀況。皮克從防線中央帶球推進，開啟下一波進攻；伊涅斯塔在禁區邊緣跟梅西兩人連線配合；特史特根反射性地用身體擋下對手的近距離射門；布斯克茲從對手腳下把球搶走，迅速向前推進，然後傳給拉基蒂奇……這一幕幕早已在我們眼前上演過千萬遍。無數不同凡響的球員陪我們走過一整個世代，是他們形塑了我們的想像。這些球員可以說是教育我們如何想像的師傅，而幸運的是，他們也從未給我們設立界線——我們永遠有空間可以想像梅西出神入化的夢幻演出，以及蘇亞雷斯不可思議的驚世射門。巴塞隆納這種絲絲入扣的球風有個好處——也可以說是壞處——就是當隊上一名球員轉會或退休時，你總覺得他仍留在場上。我至今仍會在中場區域尋找哈維的身影，看他怎麼不斷左旋右轉地將盯防他的球員甩在身後；或是想像伊涅斯塔接獲傳球後，回贈一記精彩萬分的妙傳；或期待阿爾維斯突然現身右翼跟梅西雙劍合璧。而馬斯切拉諾、皮克、烏蒂第（Umtiti）、朗格勒（Lenglet）的後防陣線，也足足花了好長一段時間才終於讓我不再時時想念鐵衛普約爾那震懾四座、威震八方的身影。

由此可見，我們現在還能耍些花招讓自己分心、尋找各種藉口欺騙自己，但我們遲早會問，那位小個子離開球場之後，日子會變成什麼模樣？但在仰天長嘆、自憐自艾之前，我們應該想一想記者庫珀（Simon Kuper）的這段話：「我們活在梅西的時代，而度過這段時光最好的方式，大概就是盡情觀賞他的每一場比賽。」此時此刻，我想不到任何更好的方式，可以盡量延長欣賞梅西演出的無上幸福，藉此忽視梅西終將離我們而去的那日——他將離開球場、走下舞台，從此永垂不朽。

致謝

杜桑（Jean-Paul Toussaint）在他《足球》（*Football*）一書的開頭寫道：「本書誰都不討好，知識分子不會喜歡，因為他們對足球沒興趣；足球迷也不會愛，因為他們會覺得這本書太知識性了。但我還是非寫不可，因為我不願切斷將我和世界緊緊連結的這縷細線。」我在下筆描寫梅西的過程中，腦中曾多次浮現杜桑的這番話。梅西？李奧·梅西？這本書註定要默默無聞、遭人遺忘，因為大家對梅西大大小小的事蹟早已如數家珍，對他生命中的枝微末節和趣聞軼事都瞭若指掌，根本不會有人想翻開這本書。況且，直接點開影片觀賞他風華絕代的進球，比我用文字慢慢解釋精彩刺激得多。儘管如此，我仍渴望盡量延長梅西在我心中激盪而出的喜樂。誰知道呢？或許撰寫這本書就是讓我跟這世界緊緊相連的方式吧。

我跟杜桑不同，撰寫這本書時幾乎沒考量到知識分子能否接受。或許這是因為那道無法跨越的鴻溝已日益縮減，而這要歸功於無數體育記者的努力，他們總會嘗試從不同的視角描寫足球。我何其有幸，得以經常在媒體上撰寫足球文章，特別是描寫巴塞隆納足球俱樂部的大小事，迄今也已近二十年歲月。我在這些年間一切所學——包括我的站位、技巧、冒險傳出妙傳的膽識——全都有賴於幾名好友和大師的教導與提拔。我要對《國家報》的貝薩獻上我最高的感謝，是他給了我出賽的機會。接著是《加泰羅尼亞晨報》的拖拉斯（David Torras）、瓜斯克（Albert Guasch）和卡拉索（Eloy Carrasco），他們從不會把我棄置在冷板凳上。孟紐迪斯（Periklès Monioudis）讓我在《FIFA週刊》（*The FIFA Weekly*）上打了一場國際賽。當然，我也要感謝他們各自的戰友同事慷慨協助。我也該紀念無數場在莫名其妙的時間為我舉行的友誼賽——在RAC1電台的夜間節目Café Baviera上跟主持人博斯（Xavier Bosch）暢聊；以及近期跟加泰隆尼亞廣播電台（Catalunya Ràdio）的索勒（Bernat Soler）交流。我向他們所有人深深獻上由衷的感謝。

入魂 03

梅西：百轉千變的足球王者

Messi: lessons in style

作　　者　霍爾迪·彭提（Jordi Puntí）
譯　　者　蔣義
總 編 輯　簡欣彥
副總編輯　簡伯儒
行銷企劃　許凱棣、曾羽彤、游佳霓、黃怡婷
封面設計　蔡南昇
責任編輯　簡伯儒

出　　版　堡壘文化有限公司
發　　行　遠足文化事業股份有限公司（讀書共和國出版集團）
地　　址　231新北市新店區民權路108-2號9樓
電　　話　02-22181417
傳　　真　02-22188057
Email　service@bookrep.com.tw
郵撥帳號　19504465
客服專線　0800-221-029
網　　址　http://www.bookrep.com.tw
法律顧問　華洋法律事務所　蘇文生律師
印　　製　韋懋實業有限公司
初版一刷　2020年8月
初版5.4刷　2024年2月
定　　價　新臺幣330元

國家圖書館出版品預行編目（CIP）資料

梅西：百轉千變的足球王者／霍爾迪·彭提（Jordi Puntí）著；蔣義譯.
-- 初版. -- 新北市：堡壘文化, 2020.08
面；　公分. --（入魂；3）
譯自：Messi: lessons in style
ISBN 978-986-98741-7-5（平裝）

1. 梅西(Lionel, Messi, 1987-)　2. 運動員　3. 足球　4. 傳記

528.951　　109009517